「しあわせ」になれないのは、あなたのせいじゃない！

人生を覚醒にみちびく「たましい」の秘密

真仲桃ノ介
Momonosuke Manaka

Clover
クローバー出版

はじめに――「本当のしあわせ」になりたい人へ

あなたは「しあわせ」ですか？
突然そう質問されたら、あなたは何と答えるでしょうか。

「守りたい愛しい家族がいる」
「仕事が順調で、裕福な生活をしている」
「好きな趣味があり、それを分かち合える親しい友人がいる」

みなさん、それぞれの世界観において「しあわせ」で良かったです。
これからも「しあわせ」を満喫して生きていきましょう！

しかし、一方で、

「でも、本当に今の生活が『しあわせ』なのかわからない」
「物質的には満ち足りているが、何か物足りない気がする」
「もっと情熱的に生きてみたいと思う」

つまり、表面的には今の生活に満足している。
しかし、何か物足りない。
うまく表現できないけれど、満足していない。
「こころ」の中の何かが騒ぐ感じがする。
さらに言うと、もっともっと「しあわせ」になりたい！

そう感じているあなたは、もっともっと「しあわせ」になれる人です。なぜなら「しあわせ」には2つのステージがあるからです。

それは、「肉体（物質）」と「こころ（精神）」の「しあわせ」です。

この2つの「しあわせ」は、どちらかが正しくてどちらかが間違っているのではなく、それぞれのステージで感じることのできる世界観なのです。

「マズローの欲求五段階説」のように、今のステージをクリアできたときに、次のステージを理解できるようになるといったものです。

申し遅れました。真仲桃之介と申します。

僕は、小さい頃から自己肯定力が弱く、自分のことを何もできない「落ちこぼれ」だと思って生きてきました。

25歳ぐらいの頃、人生に行き詰まり、天に向かってこう願いました。

「神様、本当の『しあわせ』になる方法を教えてください。その方法を実践して『しあわせ』になれたら、今度は本に書いて世の中の人に伝えていきます！」

10年後、なんと神様（アセンデット・マスター）と話す機会が生まれて、僕の人生は「しあわせ」なスピリチュアル・カウンセラーへと変わっていきました。

さらに15年後、神様から頂いた「しあわせ」のノウハウをこの本へと詰め込み、出版することになったのです。

僕の人生を変えることになった奇跡のノウハウを、ぜひご覧ください！

話は少し変わりますが、よくテレビ番組などで物質世界の科学論者とスピリチュアル世界の精神論者の対決みたいなものが放送されています。そこでの前提は、科学が正しければ精神世界は存在しておらず、精神世界が正しければ科学は必要ないというような一極論となっています。

しかし、ぼくは科学の世界もスピリチュアルの世界も同時に存在しており、陰陽の図のように互いに陰と陽を必要としている二極論を信じています。

どちらも人が生きていく上で大切なものですが、どちらをより多く感じていくかによってステージが変わっていき、物質という世界が満たされたときに「こころ」を満たしていく土壌が形成されます。

今までは、ずば抜けて「こころ」の強い、ごくわずかなスーパーマンだけが、物質的に満たされていなくても「こころ」を満たすことができました。

しかし、すでに誰もが「こころ」を満たす世界へ行ける時代が始まっていて、スピリチュアルな世界では、それを「アセンション（たましいの次元上昇）」と呼んでいます。

私たちは、歴史的に物質的な「しあわせ」を追い求めてきており、日本が敗戦を迎えて何も物がなくなってしまったときには、まず物質的な「しあわせ」を満たしていくことが必要でした。

しかし、私たちの先輩方が日本を豊かにするために一生懸命頑張ってくださったお陰で、今の日本は世界でも稀《まれ》にみる裕福な国へと変貌し、もう物質的には十二分に満たされているステージにあります。

そこで、私たちはもっと上のステージの「しあわせ」を選択できる段階にやってきました。今こそ物質を超えて「こころ」の豊かさを選択し、次のステージの「本当のしあわせ」を手に入れられる時期が来たのです。

しかし、上のステージである「こころ」の「しあわせ」を手に入れることには、多くの人が知らない「こころの秘密」があります。

実は、それは……。

「こころ」の「本当のしあわせ」は「たましい」だけが知っている。

という真実なのです。

「しあわせ」とは、私たち人間の「こころ」が決めています。だからよく「『こころ』のままに生きてみる」とか「本当の気持ちを『こころ』に聞いてみる」などと言われ、私たちのオリジナリティは「こころ」の中にあると考えられています。

実際、人間としてのアイデンティティは「こころ」の中にあり、それは間違いではありません。

しかし、同じように「こころのまま」に生きている人でも、「しあわせ」ではない人がいます。ギャンブルや薬物など、なんらかの依存症になっている人も「こころのまま」に生きています。

また、世の中の常識や慣例に囚われて生きている人も「こころのまま」に生きています。同じ「こころのまま」に生きているのに、なぜこのような違いが生まれてきてしまうのでしょう？

実は、「こころ」にその秘密があります。

その秘密とは……。

「『こころ』は『たましい』と『エゴ（我）』の2つの意識から構成されている」ということです。

わかりやすく言うと、「たましい」はあなたのユニークなオリジナリティを決定付けるアイデンティティですが、「エゴ」は本来あなたの「たましい」を守るために、あなたが生まれたときに同時に生まれる「意識」なのです。

ところが、「エゴ」は成長過程において穢《けが》れて（傷ついて）しまうことが多々あり、穢れた「エゴ」は「たましい」を守ること

をやめてしまい、暴走を始めます。

つまり「たましい」の「やりたいコト」ができる人は「本当のしあわせ」を摑んでいき、「エゴ」が暴走してしまった人は自分が意図しない人生を歩んでいくことになります。

そしてさらに、この「たましい」と「エゴ」の2つのものが、「調和」つまり仲良くしていなければ、素晴らしい「こころ」にはならないのです。

本書は、その「こころ」の秘密を解き明かし、「たましい」と「エゴ」が調和を取って仲良くし、「こころ」を創り、「たましい」の「やりたいコト」が現実化するようになるための本です。

ぼくは、15年くらい前からスピリチュアル・カウンセリングルームを運営してきたこともあって、アセンデット・マスター（神上《かむあ》がりした高次の存在）と呼ばれる2つの存在と毎日対話をして、「たましい」と人間の「しあわせ」ついて学んできました。そこで教えられたことは、「この世は、『たましいの成長』と『しあわせ』のために『かみさま』によって創られた」ということでした。

そして、「たましい」は自分の「目的」をわからなくし、人として生まれて成長をしていく過程において、人は自分の「たましい」が何を「たましいの目的」にして生まれてきたのかを探しながら、目的の達成へと進んでいくことになります。

「たましいの目的」という「課題」をクリアにするために、生まれる場所・家族・境遇・容姿などを自分で決めて人として生まれてきます。

見事に「たましいの目的」を思い出しその道へと進むことができたときに、「たましいのしあわせ」を味わうことができるようになり、人としての「本当のしあわせ」を味わえるようになります。

ところが実際には、生まれてから人として生きていくうちに本来の「たましいの目的」

に辿り着けず、彷徨《さまよ》って生きている「たましい」たちが多いのにぼくはびっくりしました。

あなたが「たましいの目的」を思い出し、その道を歩き始めたとき、「たましいのしあわせ」が訪れてきます。

まだ「たましいの目的」を知らずに生きているあなたに、自分の生まれてきた「たましいの目的」を思い出していただき、人としての「本当のしあわせ」を味わっていただきたいと思います。

本書には、「たましい」が人の「本当のしあわせ」を握っていることと、自由に「しあわせ」にはなれないメカニズム、そしてそこから抜け出していく方法について書かれています。

ぜひあなたも、「たましい」を「しあわせ」にして人生を「本当のしあわせ」に変えていく一人になってください。

目次

目次

目次

目次

たましいの秘密

第1章

The secret of the soul

しあわせのメカニズム

1

こころとたましいの秘密

●引き寄せの法則の秘密

あなた自身はいつも「こころ」の思うままに動いているので、「こころ」で願ったこと（想像）や信じていること（信念）は常に現実化しています。

「スピリチュアルの世界観」で言う「思考は現実化する」という法則や「引き寄せの法則」は、常に作動しています。それらの法則は、私たちは「こころ」で信じていることや感じていることを「想念」という形で「宇宙のシステム」へ送り、その「想念」を基に「宇宙のシステムが現実世界を創っている」というものです。

例えば、あるとき「お金持ちになりたい」と強く思い、その気持ちを膨らませていたとします。「お金持ちになる、お金持ちになる、お金持ちになる……」と、繰り返し「想像（イマジネーション）」し、それを「創造（クリエーション）」に変えて、「想念世界」から「現実世界」へエネルギーを送り、物質を動かすのです。

この法則はいつ如何なるときも忠実に働いています。

しかし、あなたは「あれっ？　おかしいな。いつも私は『お金持ちになる』と想像しているのに、現実には貧乏になってばかりいる気がする！」と思うかもしれません。

それではこのことを、「スピリチュアルの法則」に当てはめて視《み》てみましょう。

あなたは、「お金持ちになる、お金持ちになる、お金持ちになる……」と、自分が実現したいことを想像して、想念を膨らませていきます。

ところが、その想念を十分に練り切らないうちに、ほんの数分もすると「こんなことで本当にお金持ちになれるのかな?」という疑心暗鬼が生まれます。次に自分の人生を振り返り、「お金がなくなる」出来事ばかりが思い出され、「そういえば、自分の人生でお金に恵まれたことはないなあ……」と、お金に恵まれたことがない思い出へと没入していきます(このとき、お金に恵まれた記憶は思い出されません)。

すると、「そういえば、うちの家系にはお金持ちが一人もいないじゃないか。うちの親はいつもお金がないと言っているし、兄弟にも出世している人はいないし……」と自分の血筋を疑い始めて、「そもそも、お金持ちは生まれながらにお金持ちで、貧乏人は、いつまでたっても貧乏から抜け出せないに決まっている……」と、一般的に信じられている「思い込み」が始まります。

最後は、「こんなくだらないことを考えていても仕方がない。もうお金持ちになることを考えるのはやめて、何か楽しいことでもしよう!」と気持ちを切り替えてしまいます。

結果的に、「あなたが考えている想像」や「引き寄せたいもの」に対しては、「自分はお金持ちにはなれない家系や運命だ！」という想いが強く信じられることとなり、その「（思い込みという）信念」が現実世界に舞い降りてくるのです。

最初の「お金持ちになる」という想念は「意識」しながら行っていくので、自分は「お金持ちになる」という想念を「宇宙のシステム」へ送っていると認識しています。

しかし、疑心暗鬼が生じてからは、知らないうちに「無意識」の領域へと思考が移行してしまいます。**「無意識」の領域に思考が移行してからは、「無意識」が判断をしているにもかかわらず、自分の「意識」では、そのような想像はしていないという「勘違い」を起こし、「想念は送っていない」と誤って認識してしまうのです。**

そのために、自分の「意識」では、「お金持ちになる」という想念を宇宙のシステムに送っているつもりでも、実際には正反対の「お金持ちには絶対なれない」という「無意識」の強い想念だけが送られていき、それが現実世界に降りてくるのです。

結果的に、「思考は現実化」して「引き寄せの法則」が完成していきます。

◉たましいの秘密

なぜこのようなことが起こるのかと言うと、それは実は「こころとたましいの秘密」にあります。

その秘密とは、「『こころ』は、『たましい』と『エゴ（我）』の2つの意識から構成されている」という秘密です。

私たちは、自分の気持ちは一つであると思い込んでいます。

しかし実際には、気分が高揚していてとても陽気なときがある反面、何をどう考えてもネガティブになって、ふさぎ込んでしまうときもあり、これらの人格一つひとつが集まって私たち自身を形成しています。

つまり、私たちは様々な人格（エゴ）を「こころ」に内包していて、そのすべてを集めた総合的な存在として自分を認識しています。

その一つずつの人格を「たましい」、もしくは「エゴ」のエネルギー体として考えていただければ理解しやすいと思います。

「たましい」と「エゴ」のそれぞれのエネルギー体の配分によって、その人格の性格が無限に変化し、アイデンティティを創り出していきます。

社会的に見せる表の顔と個人的な裏の顔では人格が異なり、それらは心理学的にはペルソナという言葉で呼ばれていて、場面によって上手に使い分けています。

まとめると、「たましい」と「エゴ」のエネルギーが複雑に絡み合うことで「こころ」が

たましいと我（エゴ）

創られて、「あなた」を「あなた」にしているのです。

そして、「たましい」の思考が強いときはあなたを「しあわせ」な方向へと進ませ、「エゴ」が強いときは「不幸せ」な方向へと進ませていきます。

そのような状態から「しあわせ」に向かっていくためには、この「たましいとこころの秘密」をよく理解していく必要があります。

◉想像と創造

さて、この秘密を先ほどの話に当てはめて考えてみると、「お金持ちになる」という想念は、実は「たましい」が創造したものです。

「創造（クリエーション）」は「たましい」が思考している領域で、現状を変えて「なりたい自分になる（したいコトをする）」と考えたとき、そこから「創造」が始まっていきます。

自分が経験したことを考えるのが「想像」で、そこから未知の領域に考えを及ぼすのが「創造」になります。「たましい」がこの世に生まれて「やりたいコト」の一つです。

しかし、次の瞬間、疑心暗鬼が生まれて「エゴ」が介入してきます。

「エゴ」はあなたが生まれたときに一緒に生まれる「意識」です。基本的にはあなたを守るために働きます。あなたは世の中や親（先祖）などの習慣を学び、その習慣から逸脱しないように行動していくのです。あなたの人生を安全かつ穏便にし、周りの人との調和を図っていくための意識（エネルギー体）です。

「お金持ちになる」という思考は、今までに「エゴ」が学んだ習慣や常識などの中にはありませんので、周りの人との協調性を図る行動に出ます。

「こころ」の中のお金にまつわる思考を検索していくと、「自分はお金持ちになったことがない」という現実、「お金持ちの家系ではない」という血筋、「お金持ちは生まれつきお金持ち」という迷信が出てきたので、「お金持ちになる」という前例のない思考は「危険」だという判断になり、疑心暗鬼を生じさせます。

そのあとは見事に「エゴ」に誘導されて、「お金持ちには絶対なれない」という想念だけが「宇宙のシステム」に伝わっていくのです。

これで、あなたがいくら自分の望む方向を想像して「宇宙のシステム」へ想念を送っているると思っていても、一向に実現しないどころか、想像さえできなくなってしまうことが理解できたと思います。

◉天使と悪魔の正体

では、どうすればよいのでしょうか?

それは、あなたが「こころとたましいの秘密」をよく理解して、本当のあなたである「たましい」が、自分の意思決定をするポジションにいる時間を増やしていくしかありません。

「こころ」は、常に「たましい（政府）」と「エゴ（国会議員）」の合議体で行動していて、その合議体のバランスが崩れることによって「こころ」が不安定になっていきます。

よく、天使と悪魔が耳元でささやいている例え話がありますが、そのように「たましい」と「エゴ」がそれぞれの観点から主張を繰り広げているときに迷いが生まれてきます。

そのとき、生まれてくる前の私たちの「たましい」が計画して創った人生を歩んでいくのか、生まれた世界で流行している「習慣」に流されて生きていくのか、それぞれの人生に対しての「選択」が委ねられます。

あなたは「たましい」と「エゴ」のどちらを選択して生きていますか。

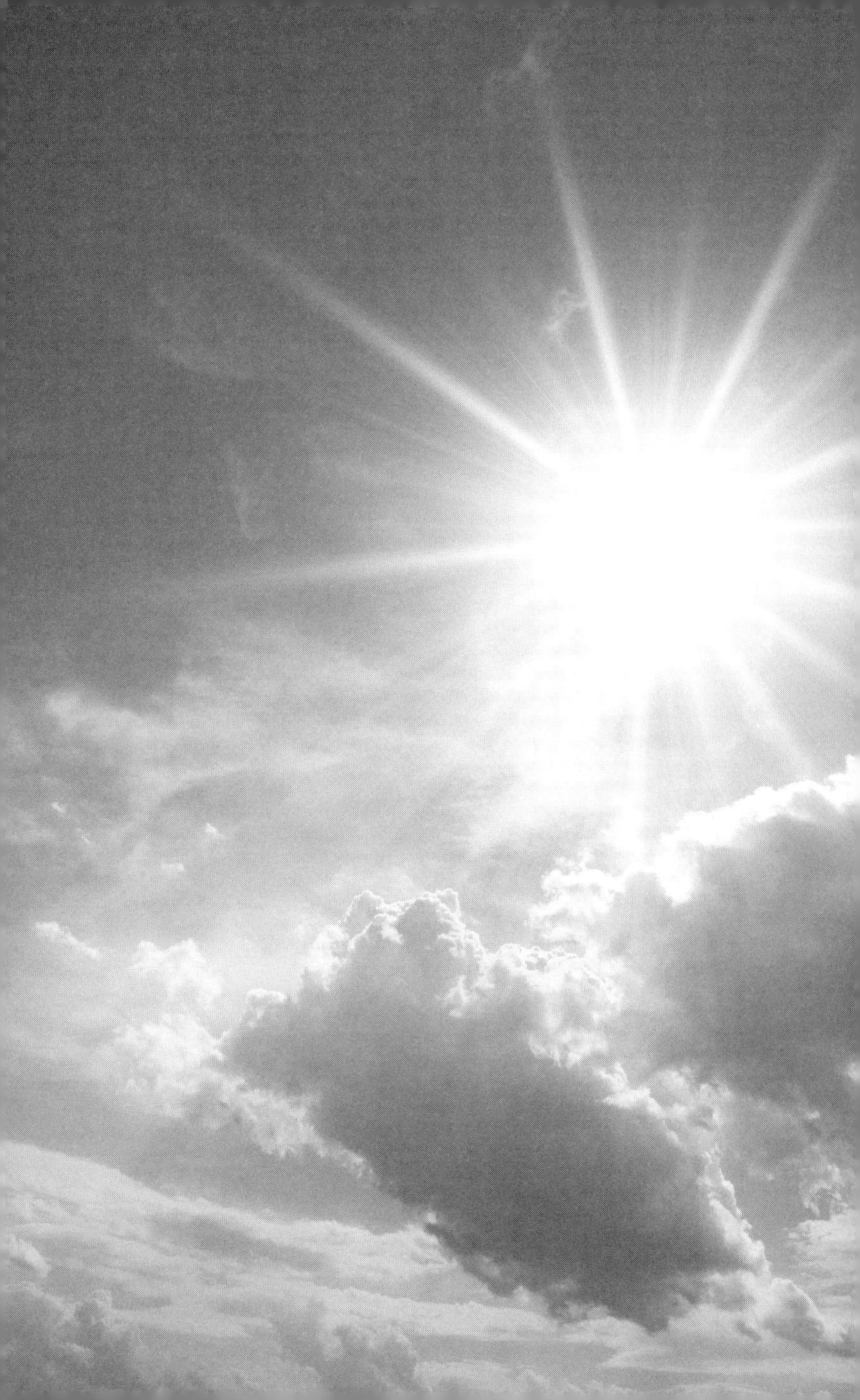

2 たましいが本当のあなた

◉たましいを生きる

あなたがあなた自身だと認識しているのは「こころ」だと思いますが、実はそれ自体は間違いではありません。しかしあなたが「こころ」のままに動いているにもかかわらず、それがあなたを「しあわせ」にしなければ、それは本当にあなたが「したいコト」ではないと言えます。

では、本当のあなたとはいったい何でしょう?

実は「たましいが本当のあなた」なのです。

それを理解するために「こころ」の構造を図にしてみたので、次ページの「たましいのしあわせ版」をご覧ください。

この図は、「こころ」の中がとても「しあわせ」になっている状態をイメージしています。

実際には、「こころ」に色や形はありませんが、ここではわかりやすくするために桃の色や形をイメージしています。

桃には「邪悪なものを遠ざける」という意味があるそうです。そこで、輝いている「たましい」をイメージするために桃の絵を選んでみました。

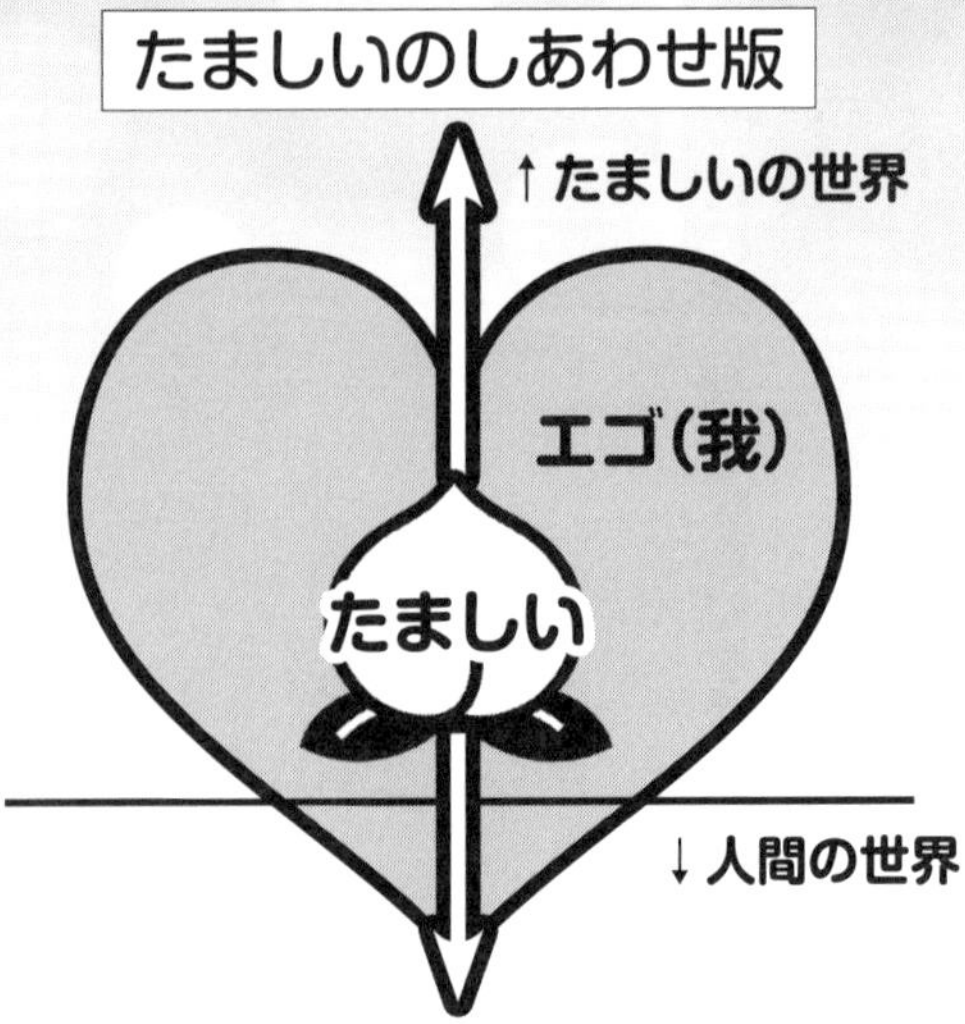

ぼくの名前の「桃ノ介」もこのイメージから名付けました（笑）。

そして、桃の周りのハートの部分が「エゴ」で、「たましい」が人として生まれたときに誕生する「意識」であり、「たましい」を守り、「しあわせ」になっていくための**「手助けをしてくれる存在」**だと思ってください。

図のように「たましい」は周りを「エゴ」で囲まれていて、「たましい」が「たましいの世界」や「人間の世界」とコンタクトを取りたいと思えば、「エゴ」がきちんと媒介（橋渡し）をしてくれることが必要です。

「たましい」がエゴと良好な関係を築き、「やりたいコト」ができて、意志をきちんと自分の外へ繋いでもらえている状態を、「たましい」と同じ桃色で表現しています。

「たましい」とは、あなたのオリジナリティやユニークさを決定付けている基本の存在で、永遠に生き続けていると言われ、無限に向上し続けるために何度も人間に生まれ変わるそうです（輪廻転生《りんねてんしょう》）。

そして、生まれるときにその人生での課題を設定したモノが、「たましい」の「やりたいコト」の一つなのです。

この生まれてくる前に決めた「人生設計（ブループリント）」を基に課題を見つけて、乗り越えていくことができたときに、「たましい」が大きな「しあわせ」を感じるようにできています。

世の中で成功していく人には、「たましい」が強くて自分への批判に負けず、自分を信じられる人が多いと思いますが、これは、「たましい」が輝きを放ち「エゴ」との主導権争いに勝つことができた人なのです。

◉エゴのくすみ

「エゴ」がなんらかの理由でくすんでしまうことがあり、それを次の図で表現しました。

「たましい」が「たましいの世界」や人間界とコンタクトを取りたくても幽閉状態になっており、その仕事をしてもらえず、くすんだ状態のまま「エゴ」が勝手に「たましいの世界」や人間界へのコンタクトを取ってしまいます。

「エゴ」がくすんでしまうのは、その人生の幼少期に親や世間などによる教育や習慣を通じて攻撃を受けたと「思い込み」、自分は価値のない存在だと誤って学んだからだということが多くあります。

例えば、教育といった名のもとで行われる暴力、自分の優位性（や劣等感の否定）を確かめるためのいじめ、個性的で才能のある人を否定するための常識など、「理不尽な抑圧」です。

「エゴ」がくすんでいくと外界と「たましい」の接触が難しくなってしまい、今まで学んできた社会常識、親（先祖）の観念、習慣、自分の実力などによって、自分の殻に閉じこもって、ネガティブな思考だけをリピートするのです。

そして、穢れた思考だけが繰り返されて、

それが自分であると勘違いしてしまいますが、実は穢れた思考は過去の記憶を反芻《はんすう》しているに過ぎず、オリジナリティのある思考ではありません。

その結果、「たましい」は自分も穢れていると勘違いして「エゴ」に依存してしまい、ほとんどの人は大人になる前に「エゴ」が自分だと思って、「こころ」の主導権を手放してしまいます。

「エゴ」とは、あなたの「たましい」がこの世に生まれたときに同時に誕生し、この世を去るときになくなっていく、いわば今生《こんじょう》における通訳や執事のようなものです。

なくなるといっても、「経験」という形で「たましい」の中に刻まれていきますから、融合していくというイメージのほうがわかりやすいかもしれません。

ですから、人生で学んだ行動規範しか知りませんし、それ以外の思想を受け入れることが難しくなり、その人生の家族の思考が「しあわせ」のバロメーターになり、「常識」が仲間外れを防いでくれて社会での居場所を作ってくれます。

ここで、決して間違えていただきたくないのは、「エゴ」は「たましい」の敵ではないことです。基本的には、「エゴ」は「たましい」と「今生の人生」を繋いで「しあわせ」にするために生まれてきます。

◉エゴのもう一つの役割

しかし、「エゴ」にはもう一つの役割があります。それは「人生設計（ブループリント）」を基に、「やりたくはないがやらなければならないコト」を「宇宙のシステム」がプログラムしたものを「エゴ」に実行させることです。

わかりやすい例を見てみましょう。

あなたの「たましい」が前世で誰かと結婚したとします。初めはうまくいっていましたが、のちに相手の浮気や暴力など様々な事件が起きて嫌いになり、別れたいと思うようになりました。

しかし、あなたの「たましい」はその相手の裕福な生活をとても気に入っていて、相手を捨てることができず、「別れるコト」ができないままその人生を終えました。

それを踏まえると、今生でのあなたの「たましい」の「やりたいコト」は、前世での相手と「別れるコト」になります。

しかし、あなたの「たましい」は、前世での相手を今生で初めて視たときに、あの嫌いな「たましい」だとわかってしまいます。

それでは、あなたの今生の「やりたいコト」である前世の相手と「別れるコト」の前に「結婚ができなくなってしまう」ため、前世を知らない「エゴ」が登場します。

なんだかよくわからないけれど燃え上がるような感情が湧いてきて、この人は運命の人かもしれないと思い、激しい恋に落ちていってしまいます。

「たましい」の生まれる前の「人生設計（ブループリント）」に基づいて、「宇宙のシステム」から「エゴ」にプログラムが降りて自然に条件が整い、あの（嫌いな）前世の相手と無事「結婚する」ことになっていくのです。

◉たましいの選択

熱く燃え上がり「結婚」してから時が経ち、浮気や暴力が始まって相手を嫌いになったときに「たましい」の出番が訪れます。

前世でできなかった「別れるコト」を選択するのか？

前世と同じように、「別れるコト」を選択しないのか？

あなたの「エゴ」に「自分を愛する」ことを選ぶ環境を作ってもらい、「たましい」がどちらかを選択することで「学び」が完結します。

まとめると、「エゴ」とは基本的にあなたの「たましい」を「しあわせ」にするために存在し、時には「憎まれ役」になったり、時には危険から守ってくれたりするのが仕事なのです。

逆に「エゴ」が穢れて仕事を放棄してしまい、あなたを幽閉してしまうこともありますが、結局はあなたという「たましい」を「しあわせ」にするための存在でしかないのです。

もし、「エゴ」が穢れて「たましい」を幽閉してしまったら、それは最も身近な相手の話をよく聞くときであり、コミュニケーションを取って良好な関係に戻していくことが、あなたの「たましいのしあわせ」への第一歩になります。

「こころ」が「くすんだ図」のようになっていたら、「エゴ」がとてもくすんでいるか、「たましい」が「こころ」の主導権を手放してしまっています。

それを改善して「たましいのしあわせ版」の図のようになるためには、自分の「たましい」を愛して自信を回復することと、「エゴ」を浄化（カタルシス）してくすみをきれいにすることが必要で、それらが実現すれば「こころ」の中のバランスが復活してきます。

そのときに、「たましい」があなたの主人公に戻ります。

「たましい」が生き生きと光り輝き「エゴ」とも仲良くやっている状態にある人は、現実世界でも充実していきます。

「たましい」が良い状態にあるとき、その状態が「エゴ」へと伝わり、身体全体へと広がり、さらには、身体から世の中へとそのエネルギーが広がっていくときに視られるものをオーラと呼びます。

「たましい」の状態が光り輝いている人は素晴らしいオーラを発散していますが、あなたも自分の「たましい」を輝かせて、人間としても「しあわせ」なオーラを出せるようになります。

その鍵は、すべて「たましい」が握っています。

3 たましいのしあわせ

◉かみさまに学ぶ

「たましい」は「しあわせ」を感じるためにこの地球に生まれてくると書きましたが、では「たましい」の「しあわせ」とは何でしょうか？

実は、そのヒントは「神様レベルの高次のたましい」にあります。

詳しいことは後述しますが、「たましい」はすでに「しあわせ」を体現している「かみさま（神様レベルの高次のたましい）」になりたいと思っており、そのための学び舎である地球に生まれてきます。

「かみさま」になっていくための行動や「かみさま」が体現していることを「真似る（学ぶ）」ことが、とても「しあわせ」に感じられます。

「たましいのしあわせ」には、

① 「たましいの世界」で決めた「人生設計（ブループリント）」の遂行

② 神様から頂いた「ギフト（神様から授かった才能）」を活用して自分を輝かせる「自魂《じこ》（己）表現」

③ 自分のオリジナリティを体現するための「興味実行」などがあります。

◉人生設計（ブループリント）

「たましい」は生まれてくる前にその「人生設計（ブループリント）」を創ります。これは

「たましい」が「かみさま」に成長していくために生まれていく人生の前世を基に、学べなかった部分を再チャレンジしてクリアできるように考えて設計します。

生まれてくる時代や場所を設定（宿命）し、何を学ぶか（運命）を決め、「やりたいコト」をやるための「学びのイベント」が起こるように「宇宙のシステム」にお願いします。

そして、「人生設計（ブループリント）」の通りに進んでいくと、その「たましい」のレベルにピッタリの「学び」が起こり、「たましい」のレベルが成長するようにできています。

例えば、人生において誰と出会って一緒に「学び」を進めていくのかも決めていて、その出会いが必ず起こるように「学びのイベント」を「宇宙のシステム」が起こしてくれます。

もし、うまく「人生設計（ブループリント）」通りに進まなかったとしても、第二、第三の別の「学び」を用意しておいて、必ず学べるようになっています。

しかし、大きく「(設計の)学び」から外れてしまうと、「その道は『学び』から外れていますよ」と「宇宙のシステム」から警告の「学びのイベント」が起こり、生きづらくなることで教えてくれます。

「人生設計(ブループリント)」を見つけて計画通りに歩むことができるようになると、「宇宙のシステム」はあなたのサポートを始めて、次々とラッキーなことが起こり、成功もしくは「しあわせ」な人生が訪れてきます。

もちろん、「学びたいコト」に人間にとっての「不幸」が必要な場合は、「学びのイベント」として「(人間としての)『不幸』なコト」が起こりますが、それは乗り越えるためのハードルであり、乗り越えた先には「(たましいの)至高の喜び」が待ち受けています。

世の中で成功して輝いている人たちは、成功した喜びはもちろんですが、それと同レベルの「不幸」にも見舞われていることが多くあります。

しかし、「自分は『不幸』を背負ったけれども、乗り越えた今では、その『不幸』に感謝している」と異口同音に語っています。「人生設計（ブループリント）」を、それもレベルの高い設計を乗り越えたスーパーマンだけに「視えている世界」があります。

私たち一般人も、同じように自分が設定した「人生設計（ブループリント）」を見つけ出して歩み出すと「しあわせ」になることができます。

決して、自分から進んで「不幸」に飛び込む必要はありません。なぜなら、あなたにピッタリの「学び」を「宇宙のシステム」が用意してくれるので、目の前に現れた「学びのイベント」を一生懸命に乗り越えればよいからです。

あなたが生まれてきた意味を創るのは「人生設計（ブループリント）」に取り組むことですので、まだわからない方はすぐに探し始めましょう。

◉自魂（己）表現（ギフト）

「スピリチュアルの世界観」の言葉に「ギフト（神様から授かった才能）」という言葉がありますが、これは天才的なスーパーマンがまるで神様から特別に贈られたような、生まれつき持っている超人的な能力を指します。

しかし、神様から特別な人にだけ贈られるというのはずるいと思いませんか？

実はここに「思い違い」があります。

「たましい」には姿や形がありません。だからこそ、自分という存在を確認するための「承認欲求」が潜在的にあります。そのため「自魂（己）表現」を最大限にしたいと思っています。

そして、「たましい」の輝きはエネルギーの精妙さによって変わるので、より輝くために「学び」を楽力《らくりょく》（努力）して向上しようとします。

何回も生まれ変わっている前世で、繰り返し行っている膨大な量の楽力（努力）が結実したものが「ギフト（神様から授かった才能）」なのです。つまり、神様からの能力はあなたの前世での楽力（努力）と言えます。

例えば、野球の松井選手やイチロー選手は、とても楽力（努力）好きであるというエピソードがたくさんありますが、前世もその前の前世も同じような楽力（努力）を重ねていたのです。

あの方たちは、これからも飽きずに楽力（努力）を重ねていくことでしょう。そして、その楽力（努力）は次の人生に活かされていきます。

そして、一つのことを「極めた」とき、今度は別の事柄へと横展開して成功していけるようになります。

こうして、天才はいつの人生でも成功することができ、凡才は何回生まれ変わっても、うだつが上がらなくなってしまうのですが、私たち凡才も生まれ変わっている数は天才と変わりありません。

そして、それぞれの人生において必ず楽力（努力）していることがありますから、私たちも必ず「ギフト（神様から授かった才能）」を神様から頂いているのです。

もし、あなたが人生につまずき、生きるのがとても苦しいと思っているのであれば、実は「たましい」的にはチャンスです。必ずあなたにも「ギフト（神様から授かった才能）」が贈られているので、あとはそれを見つけ出すだけでよいのです。

まずは、今生を「しあわせ」にするために、あなたの「ギフト（神様から授かった才能）」

を探し始めましょう。

◉ 興味実行（やりたいコトをやる）

「人生設計（ブループリント）」や「ギフト（神様から授かった才能）」を探し出すためにはどうしたらよいのでしょう？

答えは「今やりたいコトをやる」です。

人間に生まれてからも、「やりたいコトをやる」と「たましい」の「やりたいコト」に近づけるように、この世の「宇宙のシステム」はできています。

まるで「風が吹けば桶屋が儲かる」がごとく、あるいは「わらしべ長者」のごとく、今まさに目の前で起こっていることと、最終的な「やりたいコト」にまるで関係がないように想えても、「やりたいコト」を続けているうちに、本当に「たましい」が「やりたいコト」に「宇宙のシステム」が導いてくれます。

つまり、「今あなたがやりたいコト」をやり続けて変化が訪れたら、「たましい」が望む方向を選択し、決して自分を諦めなければ、必ず出合うことができるようになっています。

この本を手に取った方に、「人生設計（ブループリント）」「ギフト（神様から授かった才能）」「興味実行（やりたいコトをやる）」の三種の神器が揃い、「しあわせ」になることを願っています。

4 たましいの不幸せ

人間の不幸せ

「たましい」は「しあわせ」を感じるためにこの地球に生まれてきますが、いつも「しあわせ」を感じられているわけではありません。むしろ多くの時間は「しあわせ」ではなく「不幸せ」を経験していることでしょう。

しかし、この「不幸せ」というものは、実は「たましい」の「学び」にとって非常に重要な役割を果たしています。なぜなら「しあわせ」は同じ量の「不幸せ」を知っていなければ、十分に感じることができないからです。

のどがカラカラに渇いているときに飲む水は最高においしいですが、たくさん水分を摂取したあとで飲む水はおいしくないと感じます。同じように、右があるから左があるように、一方の方向を知るためには、反対の方向を知らなければならず、そうでなければすべてを知ることはできません。

そのために「たましい」はあえて「不幸せ」を設定して生まれてきます。

わかりやすい例をあげると、アスリートの世界では天才と謳《うた》われて飛び抜けて才能を発揮する人がいますが、その人たちの多くに突然いろいろな災難が降ってくることがあります。

不治の病にかかったり、その種目に欠かせない身体の部分に大怪我をしたり、まるで「やりたいことをやってはならない」と神様から言われているような災難が降りかかってきます。

しかし、その災難を「絶望」と捉えるか「チャンス」と捉えるかで、「たましいの器」が表されます。

その災難を乗り越えられたり、またはその道を諦めても、そこから派生した新しい道を歩める人は輝きを放っていきます。その災難が「不幸せ」であればあるほど、乗り越えた世界は素晴らしい輝きに満ちています。

「たましい」にとって「不幸せ」ではなく、「たましい」を磨くための「学びのイベント」として「人生設計（ブループリント）」されており、その設計図は自分が生まれてくる前に計画したものですから、必ず乗り越えられるようにうまく設計されています。

つまり、人間の人生に起こる「不幸せ」をたくさん知ることは、同時にたくさんの「たましいのしあわせ」を「学ぶ」ことになるのです。

しかし、この自分の人生設計を乗り越えられないとき、話はまったく変わってきます。

◉ たましいの不幸せ

「たましい」を輝かせるために、ハードル（課題）を設定して生まれてきますが、チャレンジは常にガチンコなため、乗り越えられない「たましい」もたくさんいます。もし今の人生でできなければ、寿命を終えたあとに「たましいの世界」に戻り、次の人生で同じハードルを設定すればよいのですが、中には何度生まれ変わっても逃げてしまう**「学ばないたましい」**たちがいます。

ただ「学ぶ」ことをしないなら進みが遅くなるだけですが、「学ばないたましい」たちにとって最大の「不幸せ」は、実は「自殺」することなのです。

「たましいの世界」から、生まれた赤ん坊の中に「たましい」が入って人間になり、その人の寿命が尽きて「たましいの世界」へと還っていくのが正規の「人生（たましいのサイクル)」です。しかしそのサイクルを守れず、人生を「早退」してしまう「たましい」がいます。

例えば、大恋愛をしていたのに、あるとき振られてしまい、その悲しさのあまり自殺をしてしまったとします。すると、「寿命(設計図に書かれた終わり)」ではないのに肉体と「こころ」が離れてしまい、この世に対して執着心を残している場合には「こころ」は「たましいの世界」へと戻れずに、身体のないままに地球(この世)に残ってしまうことがあります。

これが「死霊《しりょう》(幽霊)」です。

「たましい」たちは、この世に生まれてくるときに、「人生設計(ブループリント)」で設定した自分の目的をきちんと達成するために寿命を全うすることを「かみさま」と約束しますが、自殺をするということは「かみさま」との約束を反故《ほご》にして契約を満了しないということなので、「たましいの世界」には還れなくなってしまいます。

そこから、「こころ」は自分が「たましい」であることを思い出すまで、身体のないままこの世を延々と彷徨うそうです。その「こころ」が存在するレイヤー（階層）を「幽界」と呼び、そこにいる「たましい（霊）」なので「幽霊」と呼ばれます。

この世には存在していますが、人間界とはレイヤー（階層）が違うため、人間とのコミュニケーションが取れず、「たましいの世界（あの世）」にも戻っていないため、先に還っている「たましい」たちとも交流ができず、究極の孤独になり、自分を誇りに思うことができない「地獄のような世界」に入ってしまいます。

「執着」が人にあればその相手の近くにいる「憑依霊《ひょうい》」になり、場所にあれば「地縛霊《じばく》」になり、理由もわからなくなってしまえば「浮遊霊《ふゆう》」になるそうです。

この「幽界」にいた記憶を思い出した人に伺うと、留まっているあいだは「やりたいコト」ができず、嫌なことだけを反芻して自分に誇りが持てないような、「たましい」にとって最悪の状態（地獄）だそうです。

神様の「愛の叡智《えいち》」を学ぶために人間界に降りてきたのに、その「愛の叡智」は学ばず、自分の存在をわからなくしてしまう世界で延々と彷徨い続けるのです。

「たましいの世界」では倫理的に自殺が良くないと言っているのではありません。

人間でいたときに苦しくなってその状態から逃げれば「楽になれる」と思い、勝手に（設計図を無視して）「たましいの世界」へと戻ろうとしてしまうのです。ただ、その苦しみを乗り越えた先に「たましい」の喜びがあり、それを学ぶために「かみさま」と約束をして生まれてきたのに、この世の苦しみよりもっと辛い「不幸せ」な世界に行ってしまうので本末転倒です。

「幽霊」たちは、彷徨い続ける中で少しずつ変化が訪れ、人間としての執着が薄れ「たましいの世界」へ戻りたい気持ちが湧き上がってくることがあります。そのときにたまたま近くを通った「浄霊《じょうれい》」のできる生身の人間と出会えれば、その人間の助けを借りることでやっと「たましいの世界」へ還ることができます。

「幽霊」がお墓にいると信じられているのは、生前の経験でお墓を管理するお寺さんには「浄霊」ができるお坊さんがいることを思い出すからなのかもしれません。

こうして、運が良ければ「たましいの世界」へと還っていきます。

まとめると、自殺は「たましい」にとって「しあわせ」になる要素が何もありません。人間の世界（たましいの学校）が苦しいから逃げるわけですが、それよりもっと苦しい世界にずっと永く居続けることになります。

目の前に現れた災難は「たましい」をより輝かせるために自分で設計したもので、乗り越えた先には「たましいのしあわせ」が必ず待っていますから、諦めずにチャレンジしましょう。

◉生きて学ぶために逃げる

誤解がないように一つ申し上げておくと、「逃げる」ことがすべて悪いわけではありません。「自殺」という「たましい」にとって最悪の行為だけを避けて「生き続ける」ために「逃げる」のは大賛成です。

「生き続ける」ことができれば、そのチャレンジとはまた別のプログラムの「学び」をすることができます。

いじめがあるのであればその世界（学校・職場など）から遠く離れ、借金が多すぎるのであれば国のシステム（自己破産など）を活用して自分を守り、伴侶に暴力を振るわれるのであればあなたを守ってくれるシェルターへと逃げてください。その選択をした少しのあいだは、人間世界にいるのがとても辛いことでしょう。

しかし、「生き続ける」ことを選択できれば必ず次の「たましい」の「学び」をすることができるので、乗り越えることで必ず次善の「たましいのしあわせ」を味わうことができます。

地球は、「生き続ける」だけですべての「たましい」たちが学べるようにできていますが、あなたがもし「仕事もプライベートもすべてうまくいっているけれども、何かが足りない……」と感じているとしたら、「たましいのしあわせ」を追い求め始める時期なのかもしれません。「よし、もっと『しあわせ』になろう！」と思ったら、自分の本当に「やりたいコト」を探し始めてください。

「たましい」が輝き始めることでしょう。

「エゴ」のくすみからあなたの「たましい」を救い出したとき、あなたの「たましいのしあわせ」が回り始めるとぼくは信じています。

まとめると、人生に起こる「不幸せ」な出来事は「たましいのしあわせ」になるための種です。それに向き合い乗り越えた「たましい」だけが「本当のしあわせ」を手に入れていきます。

しかし、向き合わなければ本当の「不幸せ」へとなっていきます。ぜひ自分の課題に向き合って、「たましいのしあわせ」へと変えていきましょう。

第2章

Soul and ego

たましいとエゴ

性格形成のメカニズム

1 たましいとは何か？

●輪廻転生

「たましい」とは私たちの源であり、ユニークでオリジナリティのある存在であることと、永遠に生き続ける「思考の存在」であることはお話ししました。そして「たましい」は、何もしなくてもボーッとして存在し続けることができます。

しかし、それではいつまでも「かみさま」のレベルにはなれないため、光り輝くためには「かみさまの叡智」を「学び」、成長しなくてはなりません。

そこで地球という「たましいの学校」で、輪廻転生を重ねていきます。

輪廻転生とは、

①「たましい」は死なない（消滅しない）ので、永遠に「学ぶ」ために生まれ変わり続けます。

②目標は「かみさま」になることです。

③あなたが地球に生まれたその人生で「学ぶ」ことができなかった「課題」を、次の人生の「目的」に設定して生まれ変わります。

④生まれ変わって「学ぶコト」ことができたら、新しい「目的」を設定して生まれ変わります。

「エゴのキャラクター」は一つの人生に一つだけです。別の人生では別のキャラクターが与えられます。言い換えれば、永遠に生まれ変わることができても今生のキャラクターは一度きりなのです。つまり今生のキャラクターでいられるのも一期一会なのです。

反対に、今生でうまくいかなくて大失敗したとしても、何度でも生まれ変わって（課題に）チャレンジすることができます。またその人生では、失敗したこと以外に必ず第二、第三の「目的」が用意されているので、「その人生を生き抜くコト」で違うチャレンジをすればよいのです。

もし「生まれ変わりがあるから、今生では頑張らなくてもいいや」と思って手を抜いてしまえば、あなたは「ギフト（神様から授かった才能）」をいつまでも手にすることはできません。

ここでお伝えしたいのは、あなたが「たましいのしあわせ」を手にするためには、今から失敗を恐れずに「たましいの目的＝人生設計（ブループリント）」を見つけ出し、それに取り組むことが不可欠なのです。

その「たましいの目的＝人生設計（ブループリント）」を見つけ出し、乗り越えていく方法を一緒になって探しながら歩んでいくことが、「たましいのカウンセラー（スピリチュアル・カウンセラー）」の仕事です。

あなたに「たましいのしあわせ」が訪れることを願っています。

話を元に戻しますが、あなたが今生で人間に生まれたとすると、次の人生でも必ず人間として生まれ変わります。理由は、人間に生まれて恋愛を「学ぶ」つもりがうまくいかなかった場合、次の人生でゴキブリに生まれたら恋愛の「学び」ができなくなってしまうからです（笑）。

「学び」を行うためには、「たましい」のレベルに合わせた設定が必要なのです。

私たちの「たましい」のレベルが「学ぶ」のに最適なのが「地球」の人間なので、レベルが高くなったり低くなったりしたら、地球とは違う惑星へと移籍していきます。

75ページの図をご覧ください。「たましい」は生まれてきたときに、同時に生まれた「エゴ」と共に「こころ」を形成します。

一つの生を終えると「たましいの世界」に還り、そこから自分より上級の「たましい」とのミーティングに入るそうです。

今終えた人生はどうだったか？　「人生設計（ブループリント）」通りの目的を達成できたか？　新たな課題は生まれたか？　などを話し合います。

「たましいの世界」へ戻ると、先に戻っている「たましい」たちと再会をしてあれやこれやと話に花を咲かせます。戻ってくる前の人生で、愛してやまなかった人でも殺したいほど憎かった人でも、みな等しく仲良しに戻ります。

例えると、映画の中で殺し合いを演じていた役者さんたちも、映画を撮り終えたらその映画の完成を祝って祝杯をあげるようなものかもしれません。

「たましいの世界」では、地球上での恨みを忘れてお互いの楽力（努力）を讃《たた》えて再会を

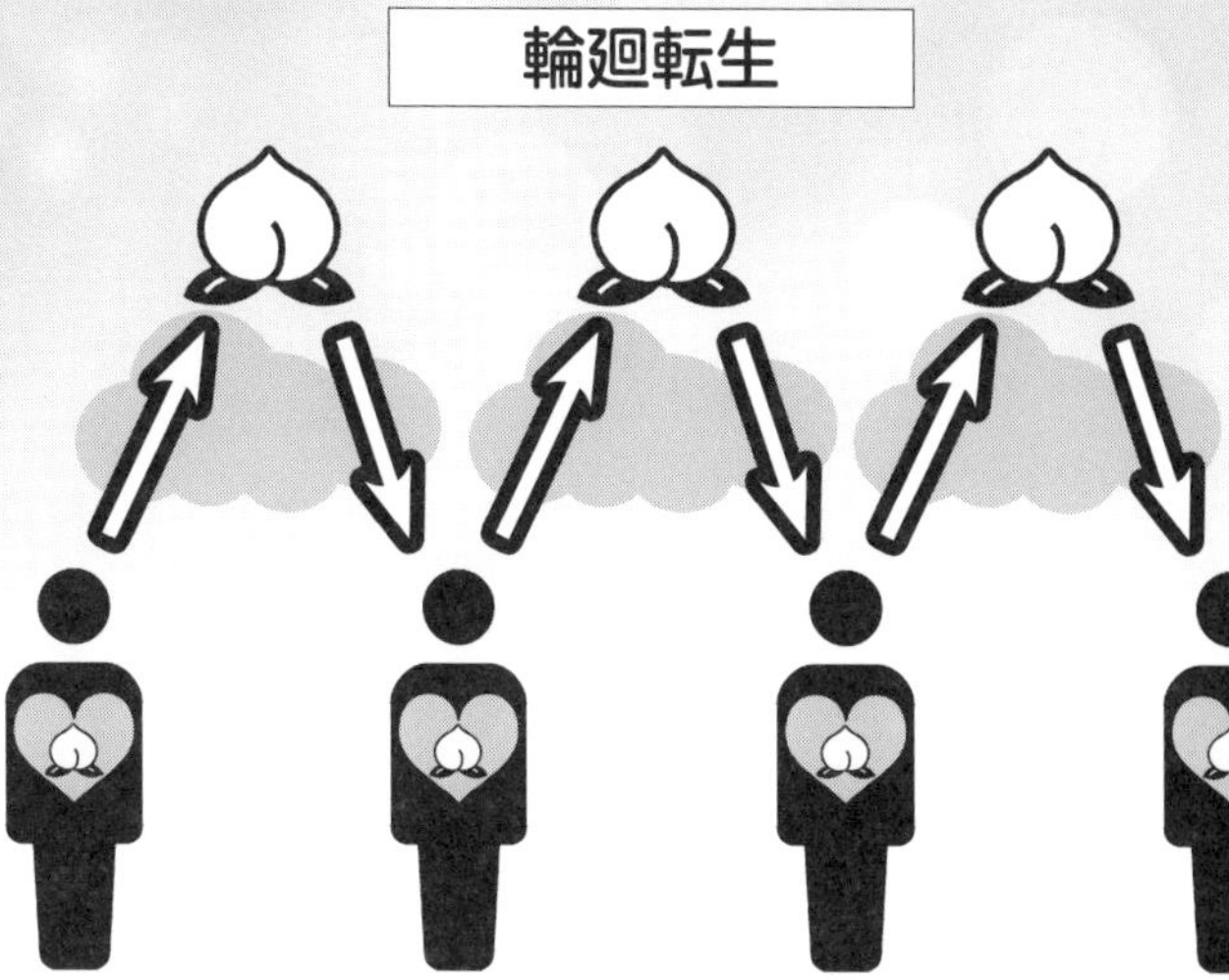

楽しみます。

しばらくはゆっくりと自由で解放された時間を楽しんでいると、また人間に生まれて「学び」をするときがやってくるので、前回の人生で生まれた新たな課題（前回の人生でクリアにできなければその課題）を「人生設計（ブループリント）」に書きます。そしてその人生を歩む配役をソウルメイトたち（たましいの友達）にお願いして了承を得ます。

配役についてですが、今生はあなたが男性で、あるソウルメイトが女性として生まれてあなたの奥さんになったとします。２人は仲睦まじく「しあわせ」な家庭を築き「たましいの世界」に戻ってきました。しかしあなたが今度は、そのソウルメイトの娘として親子の関係で「しあわせ」を味わいたいと思ったとします。

そのソウルメイトに相談をしてＯＫが出れば、今度は親子として関係を楽しむことができます。

「たましいの世界」ではみんなで楽しく交流をし、「しあわせ」に過ごせるということです。

最愛の人と死に別れたり、思い通りにはうまくいかず、現実世界が辛すぎたりする方々も、寿命を全うして「たましいの世界」に還れば楽しく過ごせるのを知っていれば、「自分が生かされている意味」を見つけられて、その後の人生の「学び」に取り組めることと思います。

◉因果応報

「因果応報」とは、あなたの「たましい」がしたことが時を経てあなたに返ってくる法則を指します。愛を贈ったとすれば愛が返ってきますが、悪意（怒りや攻撃など）をぶつけたとすれば悪意が返ってくるという、「スピリチュアルの世界観」で言う「鏡の法則」です。

実は「たましいの世界」には善悪はありません。物事が良いか悪いかが倫理的に決まっているのではなく、「自分がしてもらいたいことを他の人にしてあげればよい」のです。「因果応報」のシステムによって、自分が「してもらいたいコト」が返ってきます。

愛されたければ、愛してください。
攻撃されたいのであれば、攻撃してください。

「宇宙のシステム」では「行動したコト」が必ずそのまま返ってきます。

前世で誰かを死の危機から救ったことがあったとします。すると今生では、その救った「たましい」があなたを死の危機から救ってくれることになるわけです。

逆に、カッとなって殺してしまった場合には、今度は立場が入れ替わって、殺した人が殺される側に、殺された人が殺す側に回るような設定で生まれ、人生を変えながら立場を入れ替えてお互いにその罪を犯すのを、どちらかがやめるまで永遠に続いていくという関係もあるそうです。

これが「たましい」の「因果応報」で、自分がしたことは必ず自分に返ってくるという法則です。

この関係を止めたければ、自分が殺したくなるような立場になったときに、ぐっと辛抱をして手を穢さないことです。

自分が攻撃することをやめると、「因果応報」のサイクルからこの「たましい」だけがスピンアウトして（抜け出して）いくことができます。

残った相手の「魂」は、同じような「因果応報」のサイクルから相手がスピンアウトした「たましい」と新しく組んでいきます。

つまり、「自分が手を穢さないコト」、それ以外にこの負のサイクルから抜け出す方法はありません。なぜなら手を穢し続けている以上「愛の叡智」を学んではいないのですから。

ですから、自分の育てている子供のうち、特定の子だけを忌み嫌って虐待してしまう人は、このサイクルの「たましい」をその子に設定して生まれてきたのかもしれません。

「たましいの世界」では仲良くやっていても、人間に生まれてきたら前世での出来事を思い出します。「エゴ」はその記憶を持たないために普通に振る舞いますが、「たましい」は他の人にはわからない激しい感情を抱きます。その感情に負けてしまうことで、苦手な相手から「学ぶ」ことができずに手を下してしまうという結果になります。

「たましいの世界」では、たとえどんな理由があっても「自分から相手を攻撃しない」ほうがよいでしょう。あなたの攻撃は「因果応報」のシステムによって必ずあなたに返ってくるからです。

◉学びは無駄にならない

この世で行った楽力（努力）はすべて無駄ではありません。なぜならこの世で行った楽力（努力）は、すべて「たましい」にインプットされて「たましいの世界」へ還るからです。

ですから、「たましい」が輝いている人の中には、死ぬまで「勉強」だと言って「学び」

続けている人がいますが、一方、なかなか輝いていかない「たましい」は、人生の失敗があったときに跳ね返そうとはせずに諦めてしまいます。

しかし、今生で跳ね返すことができなくても、その失敗を「学び」、楽力（努力）をすることで、「たましい」にその楽力（努力）が刻まれますから、生きているあいだはどんなときでも「学ぶ」ことができ、それは「たましい」の実になってそれ以降の来世に活かされていくのです。

この差によって、「たましい」の輝きがどんどん開いていくので、もしあなたがなんの取柄《とりえ》も持っていないとしたら、前世でのあなたの楽力（努力）の結果かもしれません。今すぐ何かしら打ち込めることを探しましょう。

たとえ今生でうまくいかなくても、続けることで「ギフト（神様から授かった才能）」になっていきます。

2 エゴとは何か？

●エゴの役割

「エゴ」は、別の言葉では「我《が》」とも呼ばれ、自分だけ「しあわせ」を独り占めしようとする性質があるため「自己中」になりやすいのですが、「たましい」は「真我《しんが》」と呼ばれ、「かみさま」に繋がるエネルギーであるために、自分と相手が同じ「しあわせ」を共有できることを望む性質があります。

そして「エゴ」の役割とは、

①「たましい」が人間に生まれたときに共に生まれて、その人生の世界観を吸収し、「たましい」の生活を補佐していきます。

②　人生が終わり「たましいの世界」に還るときに、「経験」として「たましい」に統合されていきます。

③　基本的には、「たましい」の「学び」を支えるために存在しています。

また、「エゴは」その人生の言語や習慣、常識などを吸収し、「たましい」と外界とのコンタクトを取る役目を担い、「たましい」が学びたいことのセッティングも行います。

例えば、「たましい」がとても強気な性格で配慮が足らず、他人と問題を起こしてしまうタイプだとします。

「優しさ」や「穏やかさ」を学びたいと思ったときに、それを「エゴ」に設定することで、優しく穏やかな人として人生を歩むことができます。その時間を長く経験することでやがては「たましい」に刻み込まれ、その「たましい」に「優しさ」と「穏やかさ」が取り込まれていきます。

「エゴ」は生まれた環境、親からの思想や教育、毎日起きる「学びのイベント」などを通じて形成されていき、「優しさ」と「穏やかさ」の多い性格になっていきます。

◉エゴの成長

次に、「エゴ」の成長過程をお話しします。

「エゴ」は、生まれると五感（見る・聞く・触る・味わう・嗅ぐ）と第六感（エネルギーを受け取る）のすべてを使って、情報を蓄積していきます。

親や友人、先生からの情報をダイレクトに受け入れていき、その蓄積された情報を基に人格が形成されていきますが、幼いときはまだ人格が形成されていないために、常識から外れているようなことも間違えた情報のままダイレクトに受け入れてしまいます。

よく親の誤った思考や行動（例えば暴力など）を子供が受け継いでしまうことがありますが、それは、この時期に無条件にインプットされてしまったものなのです。

だんだん成長して「物心がつく」頃になると、ある程度の情報が蓄積されて性格が育ってくるので、無条件にはインプットされなくなり、それまでに入っていた情報が基本になって、新しい情報はあまり入らなくなっていきます。

少しずつ新しい情報が入らなくなってしまい、個人差はありますが7歳～12歳くらいまでには、一種の情報のフィルターみたいなものが「エゴ」にできてきます。

フィルターが形成されると、今度は新しい情報がなかなかインプットされなくなってしまい、それまでに入った情報で性格が出来上がっていきます。

その後は、そこで形成された性格に沿っている情報は入りやすいのですが、異なっているものは受け入れられなくなっていきます。

性格が形成されたあとは、「たましい」の領域である感情の「喜・怒・哀・楽」を感じるインパクトのある出来事に遭遇したときに、前の情報を塗り替えることがあります。例えば、初恋のような夢中になれるインパクトがあったときに、男性の好みが父親から初恋の相手に変わります。

この、性格が形成される7歳~12歳以前に経験したことは、大人になっても性格の基本になっていきます。

その時期の自分のことをインナーチャイルド（大人の「エゴ」の中にいる幼少期の性格）と呼びます。

そして、このインナーチャイルドが傷ついていると、大人になってからも傷ついたときのことを無意識にリフレインしてしまいます。

例えば、幼少期に暴力を受けて傷つきながら成長した人は、大人へと成長して親になったときに、自分の子供に暴力を振るってしまうことがあります。自分ではいけないとわかっていても、その傷ついたインナーチャイルドが無意識にリフレインするので止めることができないのです。

インナーチャイルドの傷とその傷を基にした無意識が暴力を起こすことで自己卑下《ひげ》が加わり、「エゴ」のくすみになっていきます。

◉エゴの癒し

本来、「エゴ」は「たましい」を守るために存在していますが、インナーチャイルドやその他のくすみが増えていったときに暴走を始めます。

このときに、「たましい」は「エゴ」を癒していくことにより暴走を防げるのですが、多くの「たましい」はその行動を取りません。

なぜなら、「エゴ」を癒すということは、「そのエゴの傷が生じた出来事を『たましい』が感じて『喜・怒・哀・楽』を表現する」ことだからです。

わかりやすく言うと、小さい頃に暴力を受けたときに感じた「悲しみや怒り」の感情を「エゴ」の中に隠ぺいしてしまった場合、その「悲しみや怒り」を受け止められる年齢になった頃にそのことを思い出して、思い切り泣いたり怒ったりして、そのときの「想《おも》い（のエネルギー）」を解放してあげることによってインナーチャイルドの傷は癒されていくのです。

しかし、実際にはその傷と同じような出来事に遭遇したとき、インナーチャイルドが「私の傷を視て」と昔の出来事を思い起こすことで「たましい」に訴えかけてきますが、「いい大人になったら、泣いたり取り乱したりしてはならない」という親の教育や社会の常識を理由にして、それを「視たくない」と「たましい」が逃げてしまいます。

それが何回も繰り返されていくうちに、「たましい」は「エゴ」の話を聞かなくなり、やがてはその人間の主導権を手放してしまうのです。

それを受けて、傷を抱えて話を聞いてもらえなくなった「エゴ」は暴走して心の主導権を握り、くすみがひどくなって「こころ」が真っ黒になっていきます。

結果的に、「エゴ」の傷のリフレインだけが表現されることとなり、精神的に病んだ人となってしまいます。

「エゴ」は基本的には「たましい」の「学び」のために存在していますが、穢れていくと本来の役目を果たせなくなるのです。

それをクリアにしていくには、「たましい」がきちんと主導権を取り戻して「エゴ」の話をちゃんと聞き、「エゴ」の喜びや悲しみ、怒りや楽しみを「喜・怒・哀・楽」（感情）に出して、「たましい」が表現をしながら味わっていくことが必要になります。

人間界では、大人になれば感情を表に出してはいけないと教わりますが、「たましいの世界」では、「喜・怒・哀・楽」（感情）を表現することによって、「エゴ」のくすみをクリアにして「こころ」の健やかさを取り戻します。

テレビや映画で、ドラマティックでロマンティックなストーリーが人気なのは、自分の人生を使って「喜・怒・哀・楽」（感情）を表現できない「たましい」たちが感動を求めるからなのかもしれません。

3 こころとは何か？

●こころと人格

「たましい」と「エゴ」について学んできましたが、次にそれらが合わさった「こころ」について「学び」ます。

「たましい」は、その人のオリジナリティを決める根源ですが、「学び」を進めていくために「エゴ」の協力が必要であることは説明しました。

「たましい」が自由に動いてしまうと「やりたいコト」だけをやり、「学び」に取り組むことができなくなるので、「学び」をさせるお目付け役の「エゴ」と融合して「こころ」が形成されていくのです。

「こころ」であれば、「たましい」単体では「できないコト」や「やりたくないコト」についても取り組めるようになります。

「こころ」は身体の中に存在して、肉体をコントロールする司令塔の役割を果たしていますが、実は主人格の「たましい」とたくさんいる副人格の「エゴ」が寄り集まって「こころ」を形成しています。例えるなら、いくつもの州が合わさって一つの国になっているアメリカ合衆国のようなものです。

主人格の「たましい」は一つだけしかいませんが、副人格の「エゴ」については、幼少期に学んだ「親・友人・先生・常識など」の経験からインスパイア（触発）された気持ちが副人格となって、たくさん生まれていきます。

父親の傲慢《ごうまん》なところ、母親の弱気なところ、近所のおじさんの気さくなところなど、それぞれの人格がエゴにコピーされたり、インスパイア（触発）されたり、人格として「こころ」の中に生まれたりして、それらを主人格と統合したものが「こころ」になります。

自分の中に存在している主人格の「たましい」と副人格の「エゴ」以外にも副人格は存在しています。

なんと、それは他人の「こころ」です。他人の「こころ」なのですが、それが分割されて自分の「こころ」に侵入されることが多々あるのです。

なぜなら、「こころ」のエネルギー体は一つにまとまっているイメージがありますが、実は一部分のエネルギー体だけが分割されて自分の肉体の外へ出ることもできるからです。

◉こころの形態

その形態は、

①生霊《いきりょう》
②想《おも》い
③死霊《しりょう》

の3つに分かれます。

①　生霊

「こころ」のエネルギー体が、自分の身体から出て他人を外から攻撃したり、肉体の中に潜り込んで操作をしたりするのが、いわゆる「生霊」と呼ばれるものです。他人の「生霊」によって自分の人生を強制的に曲げられてしまって苦しんでいる話は、よく聞くことでしょう。それほど人間にとってこのエネルギー体の力は大きいのです。

本体の人間は生きていて、一部分の分割された「こころ」だけが他人へと飛ばされていき、いろいろな不具合を起こしていきます。

本体の「こころ」と「生霊」はエネルギーの帯で繋がっているために、常に本体からエネルギーが供給されるので、エネルギーの力がとても大きく影響しやすくなります。

恨みや憎しみなどの負のエネルギーや、片思いや思いやりなどの正のエネルギーの気持ちも送られていきます。結果として、送られたほうは眠れなかったり、送ってきている人のことばかりを考えたり、アンラッキーなことが連続してしまうなど、エネルギー的なダメージを受けてしまいます。

しかし、送っている人の気持ちが変化して興味がなくなれば、エネルギーで繋がっているために攻撃もなくなります。

② 想い

「想い」は、その送られたエネルギー体と送っている人本体とのあいだのエネルギーの供給が切れているために力は弱いのですが、送られた人の中にその人の「エゴ（副人格）」を偽って入り込むため、送った人の望む行動を、送られた人が自分で考えてそうしたのだと思わせることができます。

例えば、親が好きな野球を子供にやらせたいときに無意識に「想い」を送り、それが子供の中の「エゴ（副人格）」として心の中に潜り込み、子供が「自分で野球をやりたい」と思っている場合があります。

この場合、親が亡くなっても、親とのエネルギー体が切れているため、その「想い」は子供の「こころ」の中に潜り込み、子供の「こころ」として活動します。いわばスパイのようなものです。

そのまま子供の中に存在し続けて孫にまで引き継がれていく場合もあり、これをファミリー・コンステレーションと呼んでいます。

子供の「こころ」の中では、7歳～12歳にフィルターができるようになるまでは、「想い」のエネルギーも無条件に受け入れられていきます。

こうして、親の「想い」は子供の中に入り込み、エゴ（副人格）の一つとなって子供をコントロールしていきます。

また、これとは逆に、親が亡くなったことがきっかけで子供が本当に自分の好きなことを見つけ出し、親の送った「野球が好きという想い」が子供の「こころ」の中からはじき出されて、「たましいの世界」へと還ることもあります。

この場合、小さい頃はあれほど好きだった野球に対し、「想い」が外に出てからは嘘のように興味がなくなることがあります。

③ 死霊

人間が亡くなり、「こころ」が身体と離れて「たましいの世界」へと還るときになんらかの執着がこの世に残っていると、一部の「こころ」が残留思念となって「死霊」となります。そして「死霊」も、他人の「こころ」の中に「エゴ（副人格）」として潜り込むことがあります。

昔、あるテレビ番組で、24人くらいの人格が次々に出てくる症状を抱えた外国人の話が放映されていました。

この方は、様々な人格が次から次へと出てきてその「想いの内」を話していきますが、実際には体験したことのない時代や場所、専門知識などについてもしゃべっていたそうです。

人格であれば、経験していない（知らない）ことはしゃべれませんが、「死霊」であれば、その「死霊」が生きていたときに得た知識を覚えていてしゃべることができるのです。

「たましいの世界」的には、この方は、そもそもその人間が生まれたときに入った主人格の「たましい」が、自分に自信がなくて主導権を放棄してしまったのではないかと思います。

そこへ「死霊」や「想い」が「エゴ（副人格）」として入り込み、次々に主導権を奪って、そのあいだだけこの方の身体を使っていたのだと思います。

これらのタイプに合わせて、「エゴ（副人格）」を説得したり、「死霊」を成仏《じょうぶつ》させたり、「生霊」の正体を暴《あば》いて、飛ばしている本体へ送り返したりすることで、くすみをカタルシス（浄化）することによって、「エゴ」からくすみを取り除いていきます。

くすみがきれいになっていくと「たましい」が現れてきます。

こうすることで、「たましい」を中心とした「こころ」へと戻していくことができます。

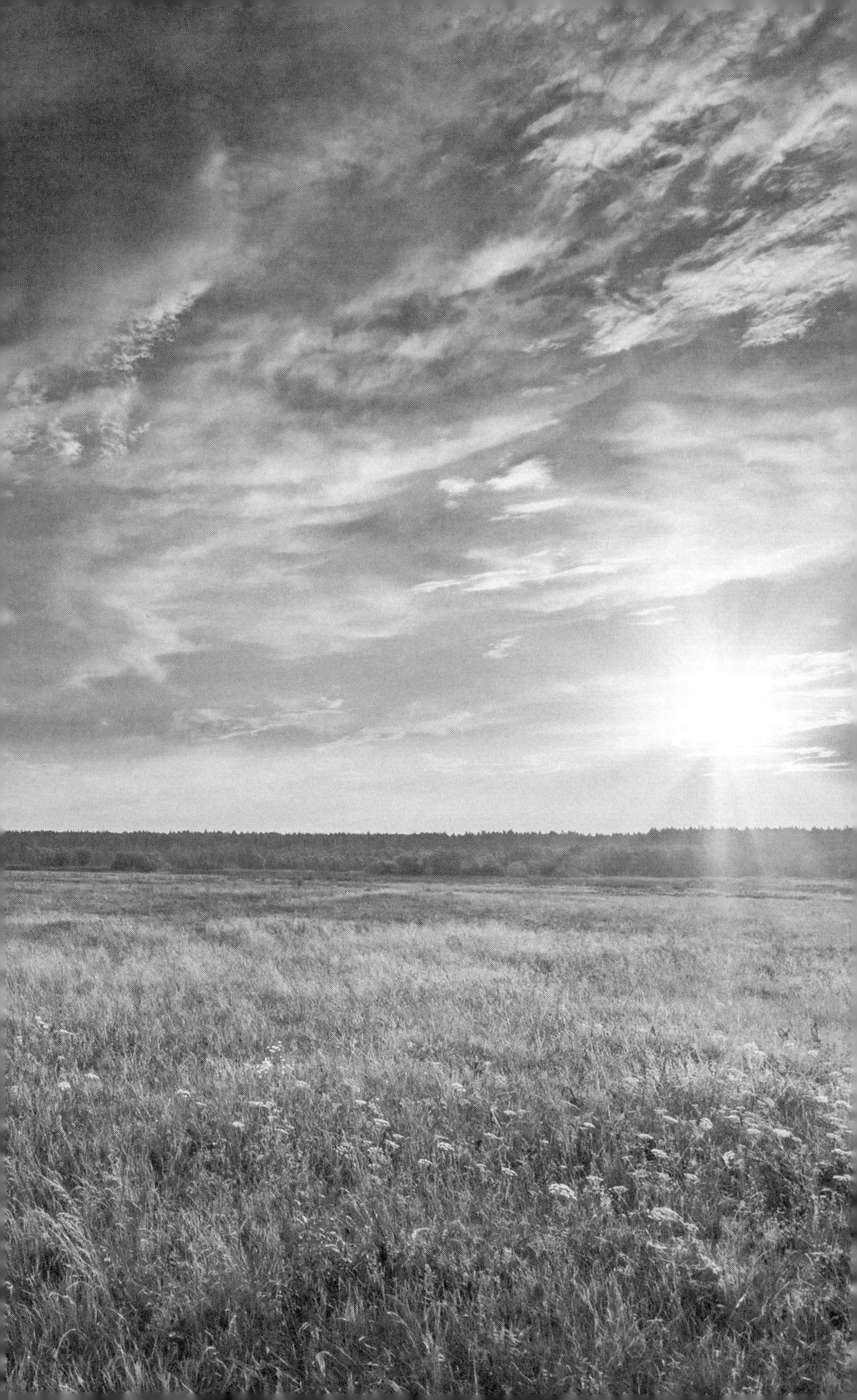

4 たましいとエゴの違いについて

◉意識と無意識

私たちが行動しているとき、「たましい」と「エゴ」のどちらの意識で考えているのでしょうか。「たましい」を多く使えていればその人は多く「学ぶ」ことができて、「宇宙のシステム」からのサポートを受けやすくなります。

なぜなら、「たましいの世界」で「人生設計（ブループリント）」していたことを実行していくには、「たましい」がそれをきちんと理解できる状態（主導権を握っている状態）でなければ意味がありませんので、「エゴ」に丸投げして「たましい」が主導権を放棄していれば、「学びのイベント」は起こらなくなっていくからです。

「たましい」は「意識」を司《つかさど》っており、「エゴ」は「無意識」を司っています。

「たましい」は「やりたいコトをやる」ために生まれてくるので、「やりたいコト」を決定するのは思考を担当している「意識」の領域になり、「たましい」が「意識」のポジションにいる必要があります。

それに対して「無意識」は、人が生きていくためのオートマティックなシステムを担当しているため、何かの行動に対していちいち「意識」に対して判断を求めないわけです。

わかりやすく言うと、目の前に急にボールが飛んできてぶつかりそうになったときに、人は「無意識」に腕や身体を使ってそのボールをよけようとします。

そのとき、わざわざ「意識」に対して「このボールをよけたほうがよいか？」と聞き、その答えを待ってからよけるようなことはしないはずです。このように、「自分を守る」ことは「無意識」の「エゴ」がオートマティックに行います。

しかし、例えば大学に進んだほうがよいか、就職したほうがよいかなど、選択の仕方によって人生が変わっていく問題については、「意識」に判断を聞くことによって選ぶことがよいわけです。

ところが、ここで問題となるのは、「たましい」が主導権を放棄し「エゴ」に丸投げしている場合です。なぜなら「エゴ」は思考していないからです。

思考せずに、どうやって選択をするのかと言うと、親や先生の言葉など、過去にインプットされた情報と照らし合わせ、その情報に近いほうをオートマティックに選択します。

つまり、「自分が何をやりたいのかを思考する」のではなく、「どの選択をしたほうが無難(安全)か」を今までの「習慣」に確認し、その結果「やりたいコト」が無視されて、「たましい」の輝けない方向へと進んでしまいます。

まとめると、「たましい」は「意識」を司り、その領域が常に活性化されている人は思慮深く「学び」を多く行っているために、「たましいのしあわせ」へと進んでいきます。

しかし、「エゴ」に「意識」を任せてしまうと、思考ではなく習慣の中から一番無難な答えを見つけ出し、感情を無視して「やらなければならないコト」を選択します。

「思考」とは、想像や創造をしてある課題を乗り越えるために「意識」が働いていることを指しますが、「習慣」とは、環境や周りの意見をただ反芻して、課題を乗り越えるよりもその状況を早く収束させるために「無意識」が働いていることを指します。

よくサラリーマンの方が、定年間近になって自分の人生を振り返り感傷に浸っていると、突然に、感情が湧き上がって、「自分はいったい何のためにこの会社に勤めてきたのか？本当は何をやりたかったのだろう？」と悩んでしまうのは、感傷という感情が「たましい」を揺り起こして「意識」を司ったときに、「『たましいのやりたいコト』を何もやっていなかった」ことに気付いて（アウェアネス）しまうからです。

「無意識」のまま何十年も生きてきて、突然「意識」が活動することで「たましいのしあわせ」について考え始めてしまうのでしょう。しかし「たましいのしあわせ」について考えることに「気付く（アウェアネス）」ことはとても重要です。

「気付く（アウェアネス）」ことができれば、あとは残りの人生で「たましいのしあわせ」について考えていけばよいのですから。

◉正義と愛

これも世の中で誤解されがちなことですが、実は「正義」とは個人の信念の中にあるものであって、人間世界の集団の中には存在していません。

自分の信念を貫き通していく場合には、自分の行動を活性化するために自分だけに適用される「正義」が必要になりますが、それが2人以上の集団の場合は、「正義」ではなく「愛」が行動規範となります。

「正義」というものは、時代や場所、人種などによって定義が千差万別であり、すべての人（たましい）が共有できるものではありません。

例えば、戦争のない平和な時代であれば「殺人」はとても重い罪になりますが、戦時中であれば国家が「殺人」を推奨し、逆らえば、その人が犯罪者になってしまいます。

宗教や国家、会社やグループなどでも、共通意識を育むためにその集団の「正義」が作られていて、逆に言うと「正義」が対立や紛争を起こしていく源になってしまうのです。

これに対して、「愛」を共通意識として育んでいくとどうなるでしょう？

もし、自分たちと異なる「正義」を持っている集団がいて、その「正義」が到底受け入れられるものではなかったとしても、相手を認めることができる「愛」の気持ちがあれば「攻撃」をしなくてすみます。

「かみさま」の「愛」を学んでいれば、不満を抱くことがあっても、相手を自分に従属させたい気持ちを正当化する「正義」を使わなくてもよくなります。

「エゴ」は、人間というコミュニティの中で自分の「安全」を守るために、そのコミュニティが「正義」とするものを信奉します。そしてその「正義」を守らない人間やコミュニティを悪（魔）として非難したり攻撃したりしていきます。

しかし、「たましい」は「かみさま」の「愛」を「学ぶ」ため、自分と相手の自由を選択します。「自分の自由」が「相手の自由」を奪わない限り、「お互いの自由」を尊重するのです。

人を助けたいとか不正をしたくないという「愛」のための「正義」は素晴らしいのですが、「正義」という名のもとに身を隠した「攻撃」はしないほうがよいでしょう。

◉囚われと自由

まとめると、「エゴ」は自分で決定することができず、何かの思想や習慣など自分以外の人が作ったものに囚われていて、その囚われの中に自由を見つけ出していこうとしますが、「たましい」は自分が決定して「自分の信念を表現するコト」ができるので、創造という自由を謳歌していこうとします。

実は、「かみさま」は、「思考の自由」が自分も他の「たましい」も「しあわせ」にすることを知っていますが、地球に生まれてくる成長途中の「たましい」は、「愛」とは真逆の恐怖や不安などの「囚われ」を持っていて、それを解放するために人に生まれてきます。

それが愛を「学ぶ」ということなのです。

たましいの学び

第3章

Learning of soul

無知を知り「かみさま」に近づく

① たましいの学び

●たましいの学びについて

この章では、「たましい」が「かみさま」に近づくための「学び」ついて考えていきます。

「学ぶ」内容については、

・「たましいのしあわせ」の三種の神器「人生設計（ブループリント）・自魂（己）表現（ギフト〈神様から授かった才能〉）・興味実行（やりたいコトをやる）」

・愛を生み出す方法

・愛（感謝・信頼・森羅万象・他）

・かみさまの叡智（無知の知・気付き〈アウェアネス〉・自由解放・良いと素晴らしい）
などがあります。

「学び」とは何か？　それは「知らないことを知っていくコト」です。

その「学び」を人間である私たちが意識しながら学んでいくことで、私たちは加速度的に向上していきますので、これからお話しする内容をみなさんも考えながら実生活に活かしていくと、「たましい」の「学び」が大きくなって「たましいのしあわせ」が早く訪れます。

◉愛を生み出す方法

人は、他人に迷惑をかけたりかけられたり、傷つけたり傷つけられたりしながら生きていますが、これは自分という「たましい」の中で「愛の枯渇」が起きることによって生まれます。

自分の愛の泉から湧き出る愛の創造力が弱く、自分の器を愛で満たすことができないために、他の「たましい」から奪うことで満たそうとしてしまいますが、攻撃をして奪ったものはやがて「因果応報」よって奪われていきます。

奪い、奪われを繰り返していくうちに、自分を満たすものは攻撃をして奪ったものだけであると誤って学んでしまうのです。

そこで、「(成功している人が) 羨ましい、(「ギフト (神様から授かった才能) を持っている人は) 不公平である、(幸せな人の)『不幸』を願う」といったことを無意識に考えて想像してしまい、やがては「因果応報」のもと自分に返ってきます。

私たちの毎日が「不幸」になってしまうのは、このサイクルによって生まれた「攻撃心」に気付かず、常に自分発信の攻撃を自分の中で正当化して (自分から) 他人を攻撃しているにもかかわらず、自分が（先に）攻撃されたのだから反撃して何が悪いのかと、勘違いしてしまうからです。

他人が「しあわせ」であれば、自分もそれに続いて「しあわせ」になるために「肖《あやか》る」ことを学ぶチャンスです。神様に愛されている才能を謳歌している人がいれば、その人が前世から続けて楽力（努力）をしていることを「学び」、「しあわせ」な人の「不幸」を願ってしまうのであれば、それは自分の「不幸」を願っているということに気付けばよいのです。

自分の「たましい」が「愛の枯渇」をしていることに気付けば、対処の方法は「愛を生み出す方法」を「学ぶ」ことだと気付けます。

自分の「たましい」が持つ「攻撃心」を知り、その「攻撃心」の正体が「愛の枯渇」であることに気付いたとき、それを変えるための「愛を生み出す方法」を学ぶ決心ができたなら、そこからすぐに学んでいきましょう。

他人に迷惑をかけたり傷つけたりしたときに、「自分はダメな人間だ」と思うことが実は「攻撃心」の始まりです。

自分から自分へ向けた「攻撃」は、自分の中でループ（循環）して大きくなっていきます。やがてそれが大きくなりすぎたときに自分の器から溢れ出して、外の「たましい」を攻撃していきます。そして攻撃をした相手から攻撃が返ってくることで、他の「たましい」との攻撃のループ（循環）が始まり、戦争になっていくのです。

つまり、他人に迷惑をかけたり傷つけてしまったときに、「自己卑下」という自分への「攻撃」に向かうのか？　それとも、それを甘受《かんじゅ》してくれた（相手の）愛を受け取り、「感謝」として愛を贈り返していくのか？　という選択の仕方によって道が分かれていきます。

なぜなら、「愛」を贈ってくれる人から受け取り、それを自分の中で味わって「感謝」を贈り返すことで「愛」とは何かを学んでいくことが、「愛を生み出す方法」だからです。

その「感謝」のサイクルを続けているうちに、自分の中から「愛を創造する」ことができるようになり、やがては「愛」を贈れるようになっていきます。

◉たましいの知識（経験）

【知識】とは、いろいろな事象を多く知っているということですが、「たましいの世界」では実際に「経験」していくことが重要になっていきます。「経験」に勝る理解はありませんから、多くの「経験」を重ねることで身をもって学んでいきます。

そのために、「たましい」は性別（男性・女性）、人種、血筋、環境など、様々な人間に生まれ変わり、男性の人生のあとは女性の人生を、よく理解できなければもう一度男性に、そのあとはご褒美に好きな女性に、という具合に生まれて学んでいきます。

ソウルメイトとは、関係を様々な立場に変えて「学び」ます。今生は父と娘の関係だったのが次の人生では恋人同士、その次の人生では会社の上司と部下など、異性だけではなく同性として生まれたりして様々な関係を学んでいきます。

中には大嫌いなタイプの「たましい」もいますが、その大嫌いな「たましい」であっても、友人であったり、親子であったり、近い関係となって相手の「たましい」を「学ぶ」のです。強制的に好きになる必要はありませんが、相手をよく知っていくうちに赦《ゆる》せるようになります。

もし、あなたが人生において、どうしても肌が合わない嫌いなタイプと何回も巡り合うとしたら、それはあなた自身からの挑戦です。「さあ自分よ。この嫌いなタイプの『たましい』を克服して乗り越えてみなさい」と課題を出してきているのかもしれません。逃げれば課題はどんどん重くなっていきますが、乗り越えたら「たましいのしあわせ」というご褒美が待っています。

様々な人間やいろいろな考え方を実体験して経験を積んでいくことが、「たましいの知識」を学んでいくことになります。

◉たましいの知恵（方法）

【知恵】とは、目の前に現れた課題・問題に対して、「思考」を駆使して乗り越えていく「ノウハウ」のことを指します。

例えば、あなたが女性の場合、男性とはどのような思考をするのか、そして、どのような対処をすれば問題が起きないのかを考えて実践することで、その事象についての問題解決のノウハウが蓄積されていきます。

人間として毎日生きているだけで、小さなことから大きなことまで様々な問題・課題が起きますが、それを繰り返し乗り越えていくことで【知恵】が磨かれ、たくさんの解決方法がノウハウになるのです。

あなたに問題が起きたときに、それを乗り越える方法を知っていればそれが【知恵】となり、やがては「かみさまの叡智」となっていきます。

◉かみさまの叡智

【叡智】とは、「かみさま（神様レベルの高次のたましい）」たちが「知識」と「知恵」をフル回転させて、問題・課題を美しく力強く乗り越えてきた至極の創造のノウハウを指します。

「たましい」は肉体を持っておらず「思考」だけが存在しています。その存在のオリジナリティやユニークさを分けているのは「思考」というエネルギーのみです。その「思考」というエネルギーの波動が「至高」まで高められた存在が「かみさま」であり「叡智」なのです。

例えば「たましい」であれば、今生でなかなかうまくいかないことが起きたときにすぐに諦めて自暴自棄になり、その後の人生を棒に振ってしまうことが多々ありますが、「かみさま」はもっと長いスパンで「俯瞰《ふかん》」（視野を広げて全体的に見る）していくことや、視点を変えてまったく別の方法で問題を乗り越えていくことができます。

その「創造力」を駆使して「思考」され、集められたものが「かみさまの叡智」と呼ばれ、それを何回も生まれ変わって少しずつ「経験」しながら「たましい」に沁み込ませていくのが「学び」なのです。

あなたの「たましい」は「学び」をしたくてこの地球に生まれてきました。「たましいの世界」に還る前にどれだけ学べたかを考えてみましょう。

「かみさまの叡智」を学んで「たましい」を向上させるために、人間として生まれてきて

課題に取り組んでいるあなたはとても素晴らしいのです。あなたはそれを本当の意味で理解しているでしょうか?

「かみさま」は、まずあなたのその「素晴らしさ」を理解してほしいと願っています。

2 たましいの愛

●信頼

愛とは何でしょう？

愛とは「自分から信頼するコト」です。

姿や形のない「たましい」たちが、自分の存在を信頼することができたときには愛に溢れていきます。そうなるように、私たちのような地球に降りてきた「たましい」は、毎日物質の世界で磨いていきます。

ただ「生きているコト」、毎日人間の身体に入ってどんなに苦しいことがあっても頑張って生きていること、それだけで私たち人間の中に入っている「たましい」は磨かれて「学び」続けているのです。

「スピリチュアルの世界観」で、地球に生まれてきたすべての人は素晴らしいと言われる所以《ゆえん》はここにあります。

そして、「たましい」の波動のレベルが上がってくると、ただ生きているだけでは簡単に課題をクリアしてしまうので、その「たましい」のレベルに合わせたハンディを付けて生まれてきます。

例えば、身体に障害を持って生まれてくる「たましい」が、その障害に怯《ひる》まずに健常者より輝きを放っている場合があります。なんと素晴らしいチャレンジ精神を持っているのでしょうか。この方たちの「たましい」を思うと自然と頭が下がります。

パラリンピックとは、そのチャレンジ精神を持った「たましい」たちの祭典だと思っています。

私たちのような普通の「たましい」が感動してしまうのは、この波動の高い「たましい」たちの輝きを見せつけられるからでしょう。見習うべき点が多くあります。

より高い自己愛を普通の「たましい」たちに教えているのかもしれません。

例えば、悪い環境に生まれてくる「たましい」や、決して良い環境とは言えない場所に生まれても、楽力（努力）をして輝いていく「たましい」。

その他、人種的な差別を受ける家庭に生まれてきた「たましい」。

環境的に貧しくて、満足に勉強することもできなかった「たましい」。

性別をあえて違《たが》えて生まれてきた「たましい」。

その他たくさんの「不幸」だと思われる「たましい」たちも、あえてチャレンジのためにそのハンディを設定して生まれてきています。

この「学び」高き「たましい」たちは、一般的には「不幸」だと思われているハンディを持ちながらも、そのハンディを撥《は》ね除《の》け、燦然《さんぜん》と輝きを放っている「たましい」たちです。

そして、そのハンディが「不幸」であればあるほど、その「たましい」たちは「自分は本当にしあわせだ」と異口同音に語っています。

たくさんのハンディを持っていても、自分を信頼し続けることができた人は、その分さらに「しあわせ」になっています。

「しあわせ」は、「辛」という漢字に横棒を一本足して「幸」という字になります。つまり辛ければ辛いほど、同じ分だけ「しあわせ」を感じられるのです。

「たましい」は、辛い環境の中でも自分を「信頼」してやり抜くことに「しあわせ」を感じます。

◉愛の器

愛とは何でしょう?

愛とは、自分の器以上に自分を大切に思うことです。

「かみさま」に学べば、自分を大切に思う気持ちが自分の器から溢れたとき、他人にもプレゼントをしたいという気持ちが自然と湧いてきます。しかし自分を大切にする気持ちが自分の器の量よりも少ない場合は、自然と他人から愛を奪うようになっていきます。

「自己中な人」は自分を愛していません。なぜなら自分の器が満たされていないから、足りないものを埋めようとして自分本位に行動してしまうからです。

自分を本当に満たして（愛して）いれば、他の人へ与えたり譲ったりすることが自然にできます。これに対して「自己中な人」は他人から自分の足りないものを奪いますから、地獄レベルの「たましい」ということが言えます。

違いは、「自分を愛する人」は満たされているために「自分と相手の両方がしあわせになるコト」を望みますが、「自己中な人」は満たされていないために「自分だけがしあわせになるコト」を望みます。

まったく正反対で別のものなのですが、世の中ではこの2つのことがよく混同されています。きちんと理解して（気付いて）いくことが「たましいの学び」です。

「たましいのしあわせ」とは、自分の器から溢れるほど自分を愛することです。

●愛とはすべて

愛とは何でしょう?

愛とは、「たましい」を含めた森羅万象すべてのことです。

愛とは、何かの対象をとても「大切にするコト」です。するとその対象に似た別のものは、愛されている対象を妬《ねた》むことがあります。

それ以外にも、対象とされなかったものは「恨み・嫉《そね》み・僻《ひが》み・羨み・苦しみ・悲しみ・怒りなど」の感情を抱いていきますが、これらの感情はすべて愛が得られなかったことによって生まれるものです。

つまり、愛も、愛ではない感情も、すべては愛から生まれているのです。

愛と愛から生まれたすべての感情は地球（この世）の森羅万象に含まれていますから、それを「学ぶ」ことが「たましいのしあわせ」です。

このような愛をまとめたものが「かみさまの叡智」とされ、「たましい」たちはそれを「学ぶ」ことを「しあわせ」と感じ、人へと生まれていきます。

あなたは「かみさまの叡智」を学んでいますか？

もし学べていたのならば、あなたの人生は感謝に満ち溢れているはずです。それを意識しながら生きていくだけでも「しあわせ」へ大きく近づいていくことでしょう。

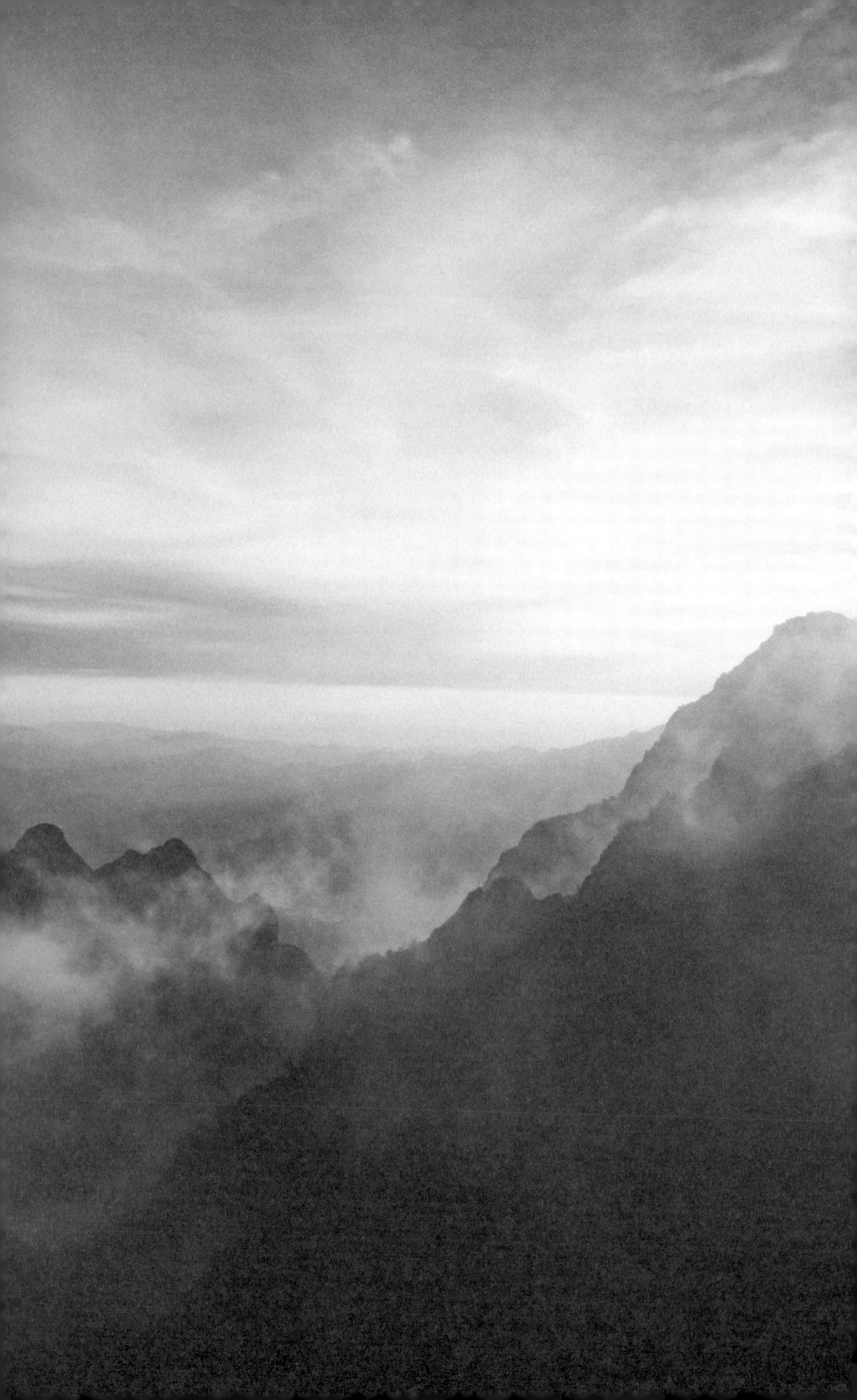

3 たましいの感謝

●感謝

感謝とは何でしょう？

「感謝」とは、誰かに愛を贈ってもらったときに、自分に恩恵（利益）が生まれて、その恩恵に報いたいと思って愛を贈り返すことを指します。

「かみさま」は愛に溢れていて誰にでも愛を贈りたいと考えていますが、私たちの「たましい」は未熟なために愛を創造することがうまくできません。そこで、「かみさま」からの愛をたくさん受けて、それを「感謝」として贈り返すことを何度もしているうちに、愛の創造のプロセスを「真似び（学び）」、「たましい」も愛を創り出していくことができるようになっていきます。

私たちの「たましい」は、生まれてすぐの赤ちゃんの頃からたくさんの愛を受けて育っていきますが、その受けた愛を、成長して大人になり、老いていくにつれて、「感謝」として返していくことが必要になるように設計されています。

男女の関係において、愛を求め合う（奪い合う）話が出てきます。自分からは何もしないけれど、相手から愛されていなければ攻撃してしまうというよくある話です。

今までお話しした通り、「かみさま」は愛の泉を自分の中に持っており、こんこんと湧き出る愛を自分の器から溢れ出した分だけ、他の「たましい（かみさま）」へと贈ることが喜びです。しかし「たましい」たちはうまく愛を創造することができないため、自分の器を十分に満たすほどの愛を創造できません。

そこで、地球という「かみさま」の愛に溢れた世界で生きているうちに、愛をもらうことが当然であると思うようになり、それを贈ることができない相手に対して不満を抱くようになって、愛を奪い合う「たましい」のカップルが生まれ、やがて別れていくのでしょう。

しかし、何回もこのような恋愛を繰り返していくうちに、愛とは自分発信でしか生むことができないと気付いた「たましい」が「感謝」を返すことを学び、感謝のループが生まれる関係において「しあわせ」を享受していくことになるわけです。

あなたは「感謝」を学べているでしょうか？

◉感謝の法則

もう一つ、「感謝」が持っている秘密の法則をお教えします。

あなたの嫌いな人がいるとします。嫌いなので、あなたはその人を攻撃したりしていつも気にしてしまいます。実は、このことによってあなたとその嫌いな人はより近づいていきます。なぜなら、あなたは四六時中その嫌いな人のことを考え（想像）てしまうからです。

あることについて常に思考（想像）していると、その対象について自然といつも考えているために、無意識に「宇宙のシステム」に想念を送ってしまい、その対象を愛していると判断されて、本当は離れたいと思っていても実際には近づいていてしまうのです。

そんなときには「感謝の法則」を使います。実は「感謝」には、愛している人を近づけて、嫌いな人（エネルギーの合わない人）を遠ざけるという法則があります。

この法則を使えば、「ありがとうございます」を繰り返すだけで、気持ちが変わってきます。

好きな人に対しては「感謝」ができて良かったという気持ちになり、関係がどんどん接近していきますが、嫌いな人には興味がなくなり、どうでもよくなっていくことで関係が自然と離れていきます。

① あなたが気になる人（好きでも嫌いでも）の顔を、自分の目の前に思い浮かべて（想像して）ください。

② その思い浮かべた顔に対して「（気になる人のフルネーム、例えば）真仲桃ノ介さん」と話しかけ、続いて「ありがとうございます」と100回唱えてみてください。声に出せればより良いのですが、出せない場合は心の中で唱えてください。

③ 100回を1セットにして、その顔の変化を視ていきましょう。すると笑顔になる人と険しい顔になる人に分かれていきます。

④　あなたのエネルギーと相手のエネルギーによって相手の表情が異なります。笑顔の人はエネルギーが近く、より関係が近づいていきますが、険しい顔の人はエネルギーが異なっているため遠ざかっていきます。このように、近づいていく人と遠ざかっていく人が自然に分かれていきます。

⑤　さらにその関係を強めたければ、何セットか追加してやってみてください。

「感謝」を唱えるときに「何が感謝なのか」を考えながら唱えると、より効果的です。嫌いな人も同じように考えてください。

自分が好きな人に「感謝」するときには、その好きな人が自分に恩恵を与えてくれることに感謝をしますが、嫌いな人に感謝をするときには、その嫌いな人が**「自分にデメリット（不利益）があるのを教えてくれた」**ことに感謝をします。

決して、デメリット自体に「感謝」をしないでください。デメリット自体に感謝をしてしまうと、それを「宇宙のシステム」が喜んでいると勘違いしてしまい、デメリットの嵐がやってきます（笑）。

そうではなく、「デメリットに気付く」ことができたのなら、「気付けたコト」に対して「感謝」をします。「宇宙のシステム」は、あなたからの想念を受けてその嫌いな人を遠ざけてくれるので、嫌いな人は自然と遠ざかっていくというシステムなのです。

●すべてに感謝

私たちがこの地球上で知り合ったすべての「たましい」たちには、必ず「感謝」できるところがあります。それは自分が実体験していなくても、その「たましい」たちを通じて「素晴らしい」出来事を「学ぶ」ことができるというところです。

例えば、絶体絶命の窮地から人を助けたり、愛する人を守り抜いたりなど、実話や物語を含めてたくさんの話を見聞きしたことがあると思いますが、そこから愛を「学ぶ」ことができます。反対に、自分の子供を冷徹に殺してしまったり、たくさんの人を無差別に傷つけてしまったりする人もいますが、その人たちは「反面教師」として「しないほうがよい」ことを教えてくれています。

つまり、すべての「たましい」はあなたに何かを教えてくれるために存在していることが「素晴らしい」のです。

人には、実体験の中で思いやりや優しさを分け与える人と、攻撃したり奪ったりする人がいますが、それを私たちは身体という物質の中にいながら経験しているわけです。

その経験を通じて、自分の「たましい」が「したい」ことと「したくない」ことを「学んで」いきますが、「良い」と「悪い」という観念ではなく、「因果応報」のシステムの中で自分が「した」ことを人に「される」ことによって、実際の体験を通じて学んでいるわけです。

それを学んでいった結果、多くの「たましい」が「したい」ことや「されたい」ことが「かみさま」たちに集約されて、「たましいの世界」のルールとなりました。

誰が見ても理解できないような「悪い」ことも、それを起こしている「たましい」はわざとやっているのではなく、「無知」であるがゆえに起こしてしまっているのに過ぎないのです。「たましい」が「無知」であるがゆえに行ったことは、それを視ている周りの「たましい」たちに、実体験をしなくてもどのような結果になるのかを教えてくれています。

それが、「悪いことをしている人（嫌いな人）」が教えてくれる大切なことで、私たちは自ら実行しなくても自分の「したくない」ことを学べます。それを教えてくれることに「感謝」するのです。

その行動を視て「たましい」が成長できることを「素晴らしい」と呼び、素（たましい）が晴れている（本来の自分になっている）状態になっています。

この先も、地球上では「素晴らしくない」ことが起きていきます。しかし問題は、あなたがその「素晴らしくない」ことを学び、「たましい」のレベルを上げることで、もう「素晴らしくないことを学ぶ次元」に生まれなくてもよいレベルになるまで「学ぶ」ことなのです。

「かみさま」のレベルへと次元を近づけることを「アセンション（たましいの次元上昇）」と呼びます。今、地球はアセンションの最中にあります。地球と一緒に次の次元（五次元）へと成長していくのか？ 成長できずに宇宙のどこかにある三次元の惑星に移籍するのか？ それは今生のあなたの「気付き」にかかっています。

あなたは気付いていますか？

鍵は、「やりたいコトをやっている」かどうかと、「素晴らしい」ことだけに目を向けているかどうかなのです。

4 自由解放

●無知と囚われ

「たましい」は「かみさま」と比べると愛について知りません。つまり「無知」であることが「しあわせ」を阻害しています。

他に「囚われ」が「しあわせ」を阻害しています。言い換えると「たましい」の「囚われ」が自由になることを拒み、創造を狭め、自魂（己）表現ができない（輝いていない）状況に堕《お》ちてしまうのです。

「かみさま」は、いつでもどこでも束縛から解放されていて自由を謳歌しています。「たま

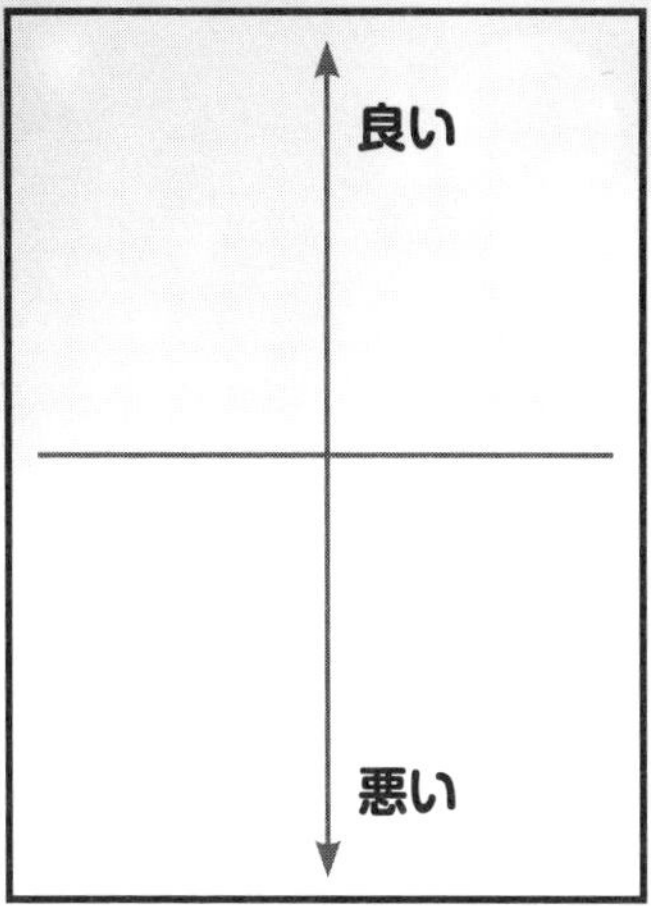

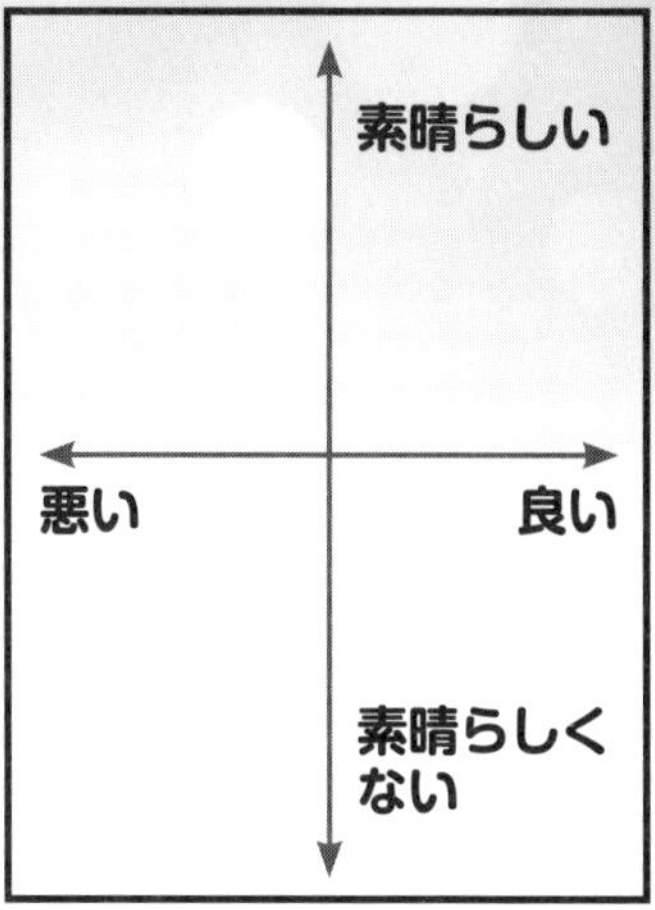

しいの世界」では、これを「自由解放」と呼んでいます。

「エゴ」が生まれるときに、この「たましいの囚われ」を設定していることがとても多くあります。「たましい」の持っている「囚われ」を「エゴ」に設定して自分の課題を認知し、その「エゴ」の「囚われ」を乗り越えていくことで学んでいくわけです。

自分が囚われていること、無知であること、真実ではないものを信じていることなどを知っていくことを、「気付き（アウェアネス）」と呼んでいます。「気付き」を知らないときには自分が正しいと思い込み、（正しいことをしない）相手を攻撃してしまい、それが「攻撃心」を創り出してしまうのです。

しかし、想像力を働かせて自分が知らないことに気付いたとき、その「たましい」はまた一つ「学び」によって喜びを味わい、「かみさま」に近づいていきます。

つまり、あなたが何かに怒っているとき、あなたは何かの「無知」か「囚われ」について学ぼうとしているのです。ここでは人間の世界での常識と「たましいの世界」の常識の違いを知っていただきたいと思います。

◉良いと素晴らしい

人間界では「良い（善行・正しい・正義など）」と「悪い（悪行・間違い・悪魔など）」が対になっていて、「良いコト」が上で「悪いコト」が下であると信じられています。

しかし、「たましい」の世界では、「素晴らしいコト」が上で「素晴らしくないコト」を下とする概念になっており、「良い」と「悪い」は右と左の概念になっています。

「良いコト」とは特定の思想から考えられた「素晴らしいコト」であり、違う思想から考えた場合には、同じことでも「悪いコト」になるのです。

例えば、ある宗教では何を食べても問題はありませんが、別の宗教では特定の動物を食べるのを禁じることがあります。これでは思想と思想がぶつかり合い、正義と正義の戦争が始まってしまいます。

これを、「素晴らしい」という概念に置き換えてみるとどうでしょう。

「たましいの世界」では、「素晴らしい」を「自分と他人の『たましい』が共に成長できるコト」と定義しています。

例えば、天変地異が起きて人々に甚大な被害が生じたとします。大きな被害を被って、人間としてはとても「悪い」ことが起きました。しかしその出来事によって、人々の中に「信頼・協力・愛情・友情など」の気持ちが芽生えて育まれたとき、それぞれの「たましい」が「愛を学んだコト」に対して「素晴らしい」という言葉を使います。

「愛を学ぶコト」、つまり「たましい」が向上できるのが「素晴らしいコト」であるとし、その反対が「素晴らしくないコト」なのであり、「良い」も「悪い」も、すべて「たましい」が「愛を学ぶ」ための出来事でしかないのです。

それぞれ個々の「たましい」の中に「自分の信念」という「正義」はありますが、「たましい」たちが集合したときには「素晴らしい」という観念が必要になります。

◉努力と楽力

「たましい」を「自由解放」するには、「囚われ」を脱ぎ捨てていく必要があります。

そのために「かみさまの叡智」を学んでいるわけですが、その「学び」を行っていくことを人間界では「努力」と呼び、「やりたくはないがやらなければならない、努めるコト」になっています。

しかし、同じ努めてやっていることでも、「楽しみながら」行っている「たましい」がいます。

「たましいの世界」ではこの2つの意味を分けて、「やりたくはないがやらなければならない、努めるコト」を「努力」と呼び、「やりたいコトを楽しみながら努めるコト」を「楽力」と呼んでいます。

「楽力」とは、「『たましい』が『やりたいコト』をしているとき、その『たましい』の前世での努力の積み重ねによる『ギフト（神様から授かった才能）』の力を使えたり、『宇宙

のシステム』からのサポートを受けたりすることができるため、楽しみながら努めるコト」と定義しています。

もうおわかりだと思いますが、「努力」は「エゴ」の領域で、「楽力」は「たましい」の領域になります。

わかりやすい話では、プロ野球のイチロー選手が日本を飛び出して、メジャーリーグで独自の才能を開花させて大活躍をしました。なぜそんなに活躍できるのかについて、いろいろなインタビューでよく語っていたことを要約すると、「自分が『やりたいコト』をやってきただけ。いわゆる努力をしてきたけれども、私はそれを努力とは呼びたくない」ということでした。

これは、「努力」という言葉に「やりたくはないがやらなければならないことのために、自分を犠牲にしてでもやる」という意味合いが含まれているのを、イチロー選手が嫌っていたのかもしれません。もし「楽力」という言葉があれば、このように話したかもしれません。「私は『楽力』が大好きで、『やりたいコト』を楽しみながら努めました」と。

話は少し変わりますが、一生懸命「努力」をしすぎたために精神的に病んでしまった人に対しては、「頑張れ」という「さらなる努力」を要求する言葉を使わないほうがよいと言われています。

「たましいのやりたいコト」ではなく「エゴのやりたいコト」をやり続けているので、「宇宙のシステム」が「それ以上その道を歩んでも『たましい』の向上にはなりませんよ」とアラートを出して、それ以上前に進めなくしているのかもしれません。

そうであれば、「『努力』ではなく『楽力』をするコト」で解放へと向かうことになります。

努めてやること自体は「たましい」の向上にとても大切なことですが、「努力」をたくさんしても疲れるだけで前に進めなくなったときには、「楽力」に切り替えてみてください。

「楽力」をしながら生きることができるようになれば、「自由解放」されてあなたの好きなことを思う存分謳歌し、さらに「宇宙のシステム」がサポートをしてくれることでしょう。

たましいとかみさま

第4章

Soul and god

宇宙のシステムと人生の意味

1 創世記

●たましいの世界

「たましい」は「学ぶ」ためにこの地球に生まれてきますが、故郷であるその世界は物質界にいる私たちには到底理解できません。

私たちが地球の人生を終えて「たましいの世界」に還ったときに、「ああ、なるほどこういう世界だったのか」と思い出しますので、今、この地球上に生きている私たち人間が「たましいの世界」をすべて知ろうとしても意味がないのかもしれません。

しかし、実は地球（この世）は「たましい」が「しあわせ」になるために創られている

ので、「たましいのしあわせ」を知ることが私たち人間の「しあわせ」に繋がっていきます。

「たましいの世界」は一つだけしかなく、そこにはすべての「たましい」が集まっています。

「たましい」はよくエネルギーとして表現されますが、その性質が細かいほど高い波動を持っていて、荒くなればなるほど低い波動になると言われています。この波動の違いによって高い波動のグループと低い波動のグループの「階層」に分かれていますが、いわゆる差別をしているわけではありません。ただエネルギーの性質上、交わることができないのです。

例えて言えば、自分が「たましい」全体の中で中学生レベルの階層だとしたら、高校生レベルや小学生レベルの階層とは自然にコミュニケーションが取れますが、それ以上やそれ以下の階層になると、コミュニケーションが取りづらくなっていくようなものです。

中学生レベルと小学生レベルであれば、なんとなく言っていることが理解できますが、幼稚園児レベルになってくると話が合わなくなってしまいます。

大学院生レベルのようなエネルギーの精度が細かく至高の波動を持った「たましい」たちは、尊敬の念を込めて「かみさま」という別格になり、スピリチュアル用語では「グレート・スピリッツ（偉大なるたましい）」と呼ばれています。

エネルギーの階層によって、いわゆる悪魔のような波動の低い「たましい」から、一般的な「たましい」に、そして至高の波動を持った神様のような「たましい（かみさま）」に分かれていきます。

階層と言っても縦に層が分かれているのではなく、真ん中へ集まっていく球体のイメージです。波動が細かくて高ければ高いほど真ん中へと集まり、荒くなっていくと外側へ広がっていきます。

とても数を数えられないほど「たましい」は多く存在していますが、新たに生まれて増えることも、消滅して減ってしまうこともなく、今ある「たましい」が永遠にあり続けていきます。

そして、私たち人間があると思っている「地獄界」は存在せず、あるのは「たましいの世界」が一つだけ。

私たち人間界では、その世界で高度な波動を持つ「たましい」の領域を「天国」と呼び、低い波動を持つ領域を「地獄」と呼んでいるのでしょう。

つまり「地獄」とは、低い波動の領域の「たましい」の思考の中にだけ存在しているものです（ここでの世界観は「たましいの世界」での話です。いかなる宗教とも関係はなく、また否定するものでもありません）。

この波動を違う言葉に置き換えてみると、「愛」という言葉になります。自分を愛してい

天国と地獄の違いは何？

ればいるほど波動は細かくなり、愛していなければ波動は荒くなるわけです。

「たましい」は姿や形がなく、あるのは思考だけですが、それでも自分を愛することができる「たましい」が、神様もしくはグレート・スピリッツという存在なのです。

◉神様レベルのたましい

「たましいの世界」では、神様レベルの「たましい」を「かみさま」と呼んでいます。「かみさま」方は常に自分を愛しています。

その愛の量は、自分が受け止められる器の容量を遥かに上回っており、自分に贈る愛の量が溢れているために、「かみさま」は「しあわせ」なのです。

そこで、自分の器では溢れて受け止められなかった愛は、他の「かみさま」方にプレゼントされることになりますが、周りにいる階層の同じ「かみさま」方も贈るのが大好きなため、相手からも溢れた愛が贈られてきます。

ですから、「かみさま」の階層は、常にたくさんの愛で満たされていて、みな誇りを持ち、「しあわせ」に満ち溢れています。

そして、波動の階層分けによる大学院生レベルの「かみさま」方の愛のプレゼントは、大学生レベルまでの「たましい」にしかできないのです。

当然、赤ちゃんレベルの「たましい」は自分を愛することがわからないため、自分の器を満たすことができず、その量はとても少ないために常に「不足」しています。

その結果、他から愛を奪おうとしますが、周りにいる「たましい」たちも同じように少ない愛しか持っていません。

そこで、その少ない愛を奪い合うために争いが起きて「地獄絵図」が生まれてしまい、それを私たち人間が視てしまうと、「地獄」があると勘違いしてしまうのでしょう。

●宇宙の創造

「かみさま」方は地獄レベルの「たましい」たちの存在を知っており、愛が溢れていて贈ることが大好きな「かみさま」方は、なんとか地獄レベルの「たましい」たちにも「しあわせ」になってほしいと願いました。

「かみさま」方が持っている「愛の叡智」を知ってほしいと思い、それを知ることですべての「たましい」が「しあわせ」になれると考えました。

しかし、問題が2つありました。

①波動の階層分けで、先生である「かみさま」と生徒になる地獄レベルの「たましい」が一緒にいられないこと。

②たとえ一緒にいられたとしても、実体のない「たましい」に「愛の叡智」をどう理解してもらえばよいかわからないこと。

この2つの問題を克服するために創られたのが、物質世界の地球（この世）でした。

物質を創造し、人間・動物・星などの「たましい」の乗り物を創り、その乗り物によって波動を包む（遮断する）ことで、お互いの波動が干渉しなくなりました。

波動の階層に囚われない物質世界の乗り物に乗ることによって、他の階層の「たましい」

たちとコミュニケーションが取れるようになったわけです。同時に物質があることで、例え話のビジュアル化にも成功して、視覚的・感覚的に理解できるようになりました。

こうして地球（この世）が創られたのです。

地球（この世）とは、比較的波動の低い「たましい」が「しあわせ」になることを目指し、愛（特に自己愛）を「学ぶ」ために生まれてきたものです。つまり「たましい」が「かみさま」へ成長していくことが、地球（この世）に生まれて「学ぶ」理由であり「しあわせ」なのです。

◉他のたましいを認める

「かみさま」が「しあわせ」に感じることの中には、「知らないことを実際に体験して知っていくコト」があります。

この「知らないコトを知っていく」というのは、人間世界とはだいぶ感覚が違います。

人間世界では、「やりたいコト」や「体験したいコト」があったとしても、あくまで常識や法律の範囲内で体験していくことが一般的であると思います。しかし「たましいの世界」では、「地球（この世）を失くしてしまう」（「たましい」の「学び」の場を失くしてしまう）こと以外は、ほとんど体験できるようになっています。

殺人やテロ、虐殺などが起こってしまうのは、それがどれだけ醜いことかを自分の身体を使って体験したいと思う「たましい」がいて、その「たましい」たちは、次の生で逆に被害者になることによって学んでいきます。

波動の低い「たましい」は、幼稚園児のように情緒的に未熟な部分がたくさんあります。実際の幼稚園児が虫などをちぎって殺してしまうことを遊びとしてやるように、残酷なことを体験して、それをさらに続けたいのか、やめて慈悲の心を養っていくのか、という選択を体験しながら行っていきます。

まとめると、「たましいのしあわせ」は、「かみさま」になるための「学び」が進んでいくことを喜び、そのために「たましい」の「やりたいコト」を極めて向上させていきます。

その「学び」の度合いは「たましい」によってばらつきがあり、よく学んでいる「たましい」と、生まれてきたけれども逃げ回っている「たましい」とでは、レベルにとんでもない差があるということです。

2 かみさまの仕事

◉宇宙のシステム

「かみさま」が宇宙を創造しましたが、その運営も「かみさま」の仕事になります。大きな宇宙の全体的な秩序を運営する「かみさま」から、銀河系、太陽系といった中宇宙の運営、地球のような「学び」を行っている星を担当する「かみさま」まで、様々な部分に分かれていますが、すべての整合性が見事に整っていて完璧に運営されています。

ただ、すべてを視ているのではなく、例えば地球であれば、「宇宙のシステム」というようなオートマティックな部分を運営するエネルギーのシステムがあります。

「因果応報」という「自分のやったコトが必ず自分に返ってくる」システムも、「宇宙のシステム」が行っています。他には「宿命」と「運命」と「学びのイベント」などがあります。また「宇宙のシステム」では否定形は認識されないので、必ず肯定形の文章を使ってください。

あなたが生まれてくるときには、生んでくれた親や場所、人種、容姿、人格など、すべて「学び」を行うために最適なものを自分で選択します。「たましいの世界」ではこれを**「宿命」と呼び、生まれたあとに変えることはできません。**

それに対して、どのような人生を選ぶのか、例えば、進学・仕事・伴侶・「やりたいコト」など、**生まれたあとの楽力（努力）でいくらでも変えることができるものを「運命」と呼んでいます。**

他には、「学び」を行うための「学びのイベント」があり、**「あなたが学びたいことを『宇宙のシステム』がセッティングして現実世界に起こすシステム」になっています。**

例えば、「たましいの世界」で一生の伴侶になることを約束したソウルメイトと出会うためには、「学びのイベント」が発動されます。

「人生設計（ブループリント）」に書かれている内容を実現するために、「宇宙のシステム」が様々なハプニングを起こして「偶然という名の必然」という状況が起きます。

自分の「エゴ」とソウルメイトの「エゴ」が「宇宙のシステム」の指示を受け、出会いの場へと連れていきます。その道程における交通機関の遅れや、人とのトラブルなどで、到着する時間が秒単位でコントロールされて、絶妙のタイミングで「ぶつかる」ことで出会います。

そのぶつかった瞬間に、お互いの「たましい」は「学びのイベント」が起こったことを認識して恋に落ちていきます。

他には、大洪水や大地震など天災が起きたときも、「学びのイベント」によって「宿命」と「運命」が決定付けられていきます。

その天災の真っただ中に隣同士で立っていたとしても、災害に巻き込まれて亡くなってしまう人と無傷で生き残った人に分かれるのは、「学びのイベント」によって、それぞれの「人生設計（ブループリント）」通りに「偶然という名の必然」が起こされているからなのです。

亡くなってしまった方はそれを「宿命」として設定してきたのですが、隣で生き残った方は、生き残ることを「宿命」とし、その後の人生を「運命」として選択できるようになっています。

生き残った経験から、人生を悲観してふさぎ込んでしまうことも、自分の使命を知り「生きていく」大切さを伝え続けることも、自由に選択ができるので、「生かされている」という「宿命」を受け入れて、それを誰かに伝える「運命」が、この「たましい」の「学び」

になります。

「学びのイベント」の「宿命」や「運命」を経験した方がよく口にするのが、「いつもはその道を通らないいけど、そのときはなんとなくその道を通ったところ、偶然の出会いがあった」というような話です。

この「なんとなく」というのが、「学びのイベント」を実行するために「宇宙のシステム」が操作を行っているということなのです。

◉かみさまの好きなワンネス

「たましいの世界」では、一般的な人々が考えているような白い髪と髭を生やしている老人の姿をして、絶対的かつ支配的な意思決定を行う個人的な存在としての神様はいないと考えています。

しかし、私たちと同じ「たましい」が高度に進化（アセンデット）した「かみさま」はいます。たくさんの神上《かむあ》がりしたアセンデット・マスターたちが寄り集まり、一つの意識になった存在を、私たち人間は神様と呼んでいるのだと思います。

「たましいの世界」では、神様という漢字表記ではなく「かみさま（グレート・スピリッツ）」とひらがな表記で区別しています。

同じレベルに高度に進化した「たましい」たちは、それぞれオリジナリティを持ち強い個性を放っていますが、同時に「愛」という同じ思想でお互いに引き寄せられて、一つの意識体へと集合します。これを「ワンネス」と言います。

私たち人間に生まれた「たましい」たちも、この「ワンネス」を地球上で体現することを「最高のしあわせ」として位置付けていますが、未熟なエネルギーがお互いの中にあり、一つの「愛」へと集合することがなかなか叶わないのです。

しかし、卓越した「たましい」たちは、地球上でしばしばこのワンネスを体現しています。

「天は自ら助くる者を助く」という諺《ことわざ》がありますが、この言葉の「たましいの世界」的解釈は、「自ら『かみさま』のようになろうと楽力（努力）している者は、『かみさま』が導いてくれる」というものです。

この「たましい」たちは、ワンネスの世界を地球上にいながら垣間見ることができますが、「自ら助くる者」とは、自分を信じ、自分の「たましい」の「人生設計（ブループリント）」を見つけ出し、そのために一生懸命楽力（努力）する方を指します。

このように「かみさま」は、自分を目指して学び舎の地球に生まれて楽力（努力）している「たましい」たちをとても愛しており、たいへん素晴らしいと思って見守っています。

◉宇宙は完璧

スピリチュアルでは、「人は生かされている」とよく言われますが、未熟な「たましい」たちが成り行きに任せて生活をしてしまえば戦争が起き、すぐに全滅して学び舎を失くしてしまいかねません。

そこで「かみさま」は、「たましい」たちが安全に「学び」に取り組めるように見守り、時には宇宙で起こることを調整して助けてくれますが、それを人間は奇跡と呼び、「かみさま」の御業《みわざ》に感謝をするのでしょう。

そのサポートがあってこそ、私たち人間は人生を全うすることができるので、「かみさまに愛されて、生かされている」のです。

しかし、時には天変地異という不可抗力の天災が起き、たくさんの人が亡くなったり、心や身体に傷を負ってしまったりすることがあります。これは、「学び」のために「宇宙のシステム」が発動されて天災が起こされているのです。

話は少し変わりますが、その宇宙を運営し、人々の想念を受け取って現実世界に降ろし、「たましいの学び」を完璧に行っているのが「宇宙のシステム」です。

一つ重要なポイントをお伝えすると、「宇宙のシステム」では、ストレートで肯定的な言《こと》霊《だま》しか認識できず、否定文は肯定文として誤って認識されてしまうシステムになっています。

例えば、「『しあわせ』になりたい」はストレートな言霊なので、「宇宙のシステム」はそのまま認識しますが、「『不幸せ』になりたくない」は「不幸せ」だけが認識されてしまい、「なりたくない」は否定文なので認識されないのです。

また、同じようにポジティブな言霊も認識されますが、ネガティブな言葉だけが認識されて、否定形は認識されません。

結果的に「『不幸せ』を望んでいる」と解釈されてしまうので、気を付けてください。

話を戻すと、人間世界からは無差別に天災のような「不幸」が降ってきているように視えますが、その天災の中でも、それぞれ個々の「たましいの人生設計（ブループリント）」に応じた事象が起き、被災の度合いが変わっていきます。

よく「神様がいるのであれば、このような『不幸』な天災は起こさないはずだ」と言われますが、神様ではなく「かみさま」が「たましいの学び」のために断腸の思いで天災を起こしているのです。

その人間としての「不幸」の中に「たましいの人生設計（ブループリント）」を見出して実行した方々だけが、のちに「しあわせ」を謳歌できるようになっています。

スピリチュアルの世界では「宇宙」は完璧にできていると言われていますが、「学び」を行うためのセッティングや実際のイベントに無駄なことなどはなく、すべては「目的」を叶えるために完璧に行われていることを示しています。

◉見守る意味

よく「神様が見守ってくれているから安心」と言う人がいますが、実際には手を出して助けてくれないのではないか？　という疑問があると思います。

「かみさま」は、「たましい」の地球上での生活を片時も休まずに見守っています。何しろ「たましいの世界」には、今生では地球に生まれてこない先輩や後輩の「たましい」たちがたくさんいて、その「たましい」たちも含めてみんなであなたの成長に注目しています。

「たましい」が人間としての快楽に没頭し、気が緩みすぎて生活がメチャクチャになったり、逆に悩んだり苦しんだりして自暴自棄になり、病気や怪我、事故などが起きそうになったときに、私たち人間が気付かないくらい自然に小さな奇跡が起こされて助けられています。しかしその行動が度を越して、守れる範囲を超えてしまったときには、寿命を待たずに亡くなってしまうこともあります。

基本的には、私たちが（助けられたと）あからさまにわかるようには「宇宙のシステム」は介入しません。その理由は、できる限り「自分の力で学んでほしい」という想いがあるからです。

結果的に、「自らを助くるたましい」たちには「人生設計（ブループリント）」に沿った宇宙の奇跡が舞い降りてきますが、「自らを助けないたましい」たちには、何も起こらないのです（生かされること以外は）。

それを「たましいの世界」のソウルメイトたちは、歯がゆい思いをしながら見守っているのかもしれません。「たましいの世界」から、あなたの取り組んでいる課題・問題についての「答え」は伝えられないようなシステムになっているからです。

その代わりにヒントはいつでも降り続けています。

例えば、急に浮かんだインスピレーション、夢の中で見たストーリー、街の中で古い友人に出会う偶然などは、「エゴ」を介して「かみさま」から贈られてきたメッセージなのです。

また、自ら探したければ、手相や占い、オーラ&前世リーディング、高次の存在とのチャネリングなどで知ることもできますが、そこで知ることができるのは「未来の予知」ではなく、あなたの「たましい」の課題（人生設計）でしかありません。「たましいの世界」が教えるのはあくまでもヒントで、それをどう活かして人生を動かすのかはあなたの選択にかかっています。

◉かみさまの愛

このように、地球という愛を学べる「学校（遊園地）」を創って運営するのが「かみさま」の仕事となり、その仕事は常に完璧になされています。

そこへ、たくさんいる「たましい」の中から、自分の「人生設計（ブループリント）」を提示して選ばれた者だけが、人として生まれてくることを許されます。

「学び」だけでは疲れてしまうので、楽しいことをやる遊園地としての性格も持っていますが、理想としては「学び」半分、「楽しみ」半分くらいがちょうどいいです。

実際、ほとんどの「たましい」は「学び」から逃げてしまい、快楽を貪《むさぼ》るようになって、「たましいのしあわせ」から遠ざかることで楽しくないと感じてしまいます。自分より

もっと快楽を貪っている「たましい」が羨ましく視え、他人と比べることで人生を浪費していきます。

本当に快楽だけを貪っているのか、それとも自分の「人生設計（ブループリント）」を見つけて邁進しているのかは、その人の輝きを視るとよくわかります。オーラが輝いて生き生きしている人は、あなたが知らない世界観を視つめているのです。

まとめると、「かみさま」は「たましい」のために素晴らしい仕事をいつでも行い続けています。

その「かみさま」の愛に報いるためには、あなたの「たましい」の選択だけが必要なのです。

3 かみさまの願い

◉かみさまの視点

「かみさま」は、「たましい」たちに多くの愛を学んで「しあわせ」になってほしいと願っていますが、「かみさま」と「たましい」では、基本的な視点が違っています。その視点とは「俯瞰」と「行動」です。

「俯瞰」とは、今見ている視点より上の視点から全体を広く把握し、さらに奥深く真実を視つめていくことを指します。「行動」とは、「たましい」が「やりたいコト」をやっていくエネルギーです。

その結果、「俯瞰」していない場合と「俯瞰」している場合では、まったく違った世界観が広がっていきますし、「行動」がなければ様々な困難に打ち勝つことはできないでしょう。

その広がった世界観には「かみさま」が味わっている世界観があり、その世界観について知っていただくために一つの物語をご用意しましたので、ぜひご覧ください。

◉いくつかの前世を超えたストーリー

あるとき、どこにでもいるような普通のＯＬが一人の俳優に恋をしました。その俳優は、超有名ではないもののテレビにはよく脇役として出演しており、人気のある素敵な俳優でした。

はたからは、その女性と俳優はとても不釣り合いに見えるため、周りの人たちはうまくいくとは思っていませんでした。

しかし、その女性が俳優にアプローチを続けたところ、なんと成功してお付き合いが始まりました。周りから見ると、なぜうまくいったのかがわかりません。ただ、これを「たましい」の生まれ変わりの時系列で視ていくと、面白いことがわかります。

その女性の「たましい」は、ある前世では小さなパン屋の娘に生まれて、家業を継ぐために毎日朝から晩までパンを焼いていました。

そこへ、いろいろな国で公演を行いながら旅をしている劇団が興行に来たので、パン屋の娘は、なけなしのお金をはたいてその劇を見に行きました。

すると、今生では素敵な俳優の「たましい」が、その劇団でもヒーロー役を務めており、その劇を見たパン屋の娘は、その主役俳優に一目惚れしてしまいました。

パン屋の娘は劇が終わったあと、その主役俳優に近づこうとしましたが、警備が厳しくて近寄ることもできません。「絶対、彼のお嫁さんになりたい！」。そう心に誓ったのも虚しく、何もできないまま、その劇団は次の町へと去っていきました。

そのあと、主役俳優を追いかけていきたいと思っても、パン屋を捨てていくことはできないため、その娘は、主役俳優の彼を毎日想い続けながら人生を終えました。

パン屋の娘はその生を終えて「たましいの世界」に戻り、次はあるミュージカルを運営する劇場のスタッフとして生まれ変わりました。

毎日彼女がスタッフとして携わるミュージカル劇場には、その劇場を代表するスター俳優がいました。もちろん、このスター俳優はあの劇団の主役俳優の生まれ変わりです。

ミュージカル劇場のスタッフの彼女はスター俳優にぞっこんでしたが、スター俳優は夜な夜なその劇団のスター女優と恋のやり取りをしており、スタッフの彼女には見向きもしませんでした。

前世での小さなパン屋の娘と比べると、毎日近くにいられるようにはなりましたが、親密な関係には程遠い状態です。

「いつか彼と付き合いたい！」。その想いを胸に頑張りましたが、付き合うことはついぞ叶わず、その生を終えていきました。

そして、今生そのスタッフの彼女は一般の家庭に生まれて、ＯＬになりました。

そして、人生を歩んでいたとき、ある技術を教えている学校で、俳優をしているけれどもまだ芽が出ていない素敵な彼（前世のスター俳優）と出会いました。

ＯＬの彼女はすぐにこの素敵な俳優を好きになり、猛烈にアプローチをしました。この俳優は「なぜかこの人はとても深く自分のことを愛してくれる」と思い、お付き合いを始めたところ、２人はラブラブのカップルになりました。

このように、本当に「やりたいコト」であれば、夢だと思っていることも、時間（何回かの転生）をかけることによって成し遂げられることがあります。

「たましい」が「やりたいコト」にはこのようなロマンティックな話もあるのです。あなたの「たましい」は永遠に向上し続けていきますが、「たましい」を磨く場所がこの地球での人生なのです。

あなたの「たましい」を「しあわせ」に輝かせるために「本当にやりたいコト」を見つけて、一生懸命に楽力（努力）してください。必ず報われるときがやってきます。

◉俯瞰

さて、今ご紹介した物語はいかがだったでしょうか？

まずこの物語を整理してみると、素敵な俳優と普通の女性が出てきます。

この俳優の輪廻転生を視てみるとわかると思いますが、彼は生まれ変わっても、その度に同じような俳優として生まれてきて技術を向上させています。

これが、「ギフト（神様から授かった才能）」です。

そしてその正体は、この本でお話ししてきた「前世での鍛錬」ですが、繰り返し繰り返し生まれ変わっては、自分の愛する同じ技術を練習しているので、気の遠くなるほどの時間を費やして鍛錬を積んでいることがわかります。やがてその鍛錬された技術は光を放っていきます。

その光が「かみさま」としての輝きを纏《まと》っていく礎《いしずえ》になっていき、その礎を基にして演技力以外のいろいろな部分を磨くことによって、「たましい」が光り輝いていきます。こうして「たましい」から「かみさま」になる道を、長い時間をかけて神上《かむあ》がりしていきます。

この俳優は、「一所懸命」や「一生懸命」に自分の「やりたいコト」を磨いているに過ぎないのですが、結果的に輪廻転生を行いながら「一魂懸命《いっこけんめい》」を行って、自分の「ギフト（神様から授かった才能）」を高めていっています。

一つの人生だけに囚われず、何回かの人生にまたがり、自分の「やりたいこと」を磨いていく「強い気持ち」が、「かみさま」になる道へと続いていくのです。

その長いスパンを「俯瞰」することが「かみさま」の力なのです。

一方、女性はその俳優に恋をして、長いスパンをかけて恋を成就していきます。

もし、あなたが何かを求め、その求めたものと自分とのあいだに大きな「距離」があったとしても、「諦めない」ことによって「叶える」ことができるのを、この女性は教えてくれているのでしょう。

人生は一つだけではありません。たくさんの輪廻転生を「俯瞰」することができたとき、あなたは何をやりたいでしょうか？

もし、「やりたいコト」がわからなければすぐに探し始めてください。もし、前世を視ても「やりたいコト」がなければ、今生で何かを始めましょう。やがてそれは、あなたの「たましい」が「やりたいコト」へと繋がっていきます。

◉行動

この女性は、生まれ変わって俳優と出会ったときに、「たましい」の中の感情に気付き（アウェアネス）、彼が好きだということを「思い出し」ます。

ここで、「エゴ」が強く、「たましい」が主導権を握っていなかったとしたら、彼女の心の中には、「どうせ私とこの素敵な俳優が結ばれるはずはない」という常識的な想いが立ち上がり、何もしないで諦めてしまったことでしょう。

しかし、この女性は叶うか叶わないかではなく、自分の「たましい」が求めることを素直に実行しています。つまり自魂を信頼して行動したのです。

それには、「こころ」の中での「エゴ」との葛藤に勝たなければなりませんが、その「たましい」の「行動」が自分の未来を創っていきます。

「かみさま」はあなたが光り輝いていくためにこの地球を創り、「俯瞰」と「行動」を携えて「たましいのやりたいコト」に取り組んでほしいと願っています。

「たましいの世界」に戻ればすべてが理解できますが、人間としてこの地球に生きているときに、そのことに気付いて実行していくことが大事なのです。

今日も「かみさま」は、あなたが自分の「たましい」が「やりたいコト」に気付いて行動することを願っています。もし今生でできなくても来世がありますし、何しろ時間は永遠にあるのですから、失敗を恐れずに「やってみるコト」です。それを「かみさま」は温かく見守っています。

◉しあわせになるために生まれる

本書で伝えたいことを最後にまとめると、「『たましい』は『しあわせ』に『成る』ために生まれてくる」ということです。逆に言うと、「不幸せ」に生まれなければ「しあわせ」に「成る（成功する）」ことはできません。

あなたが今感じている様々な「不幸」は、やがて楽力（努力）を行って「たましいのしあわせ」を摑んでいくための「ハードル」なのかもしれません。

つまり、あなたが「不幸せ」を感じているのであれば、それは「たましいのしあわせ」を摑むチャンスが訪れている合図なのです。

いつでも「かみさま」は、あなたの「たましい」が「しあわせ」に「成る」ために、あなたが歩み始めるのを待っています。

本書がそのきっかけになることがぼくの「たましいのしあわせ」です。あなたの「たましい」が「しあわせ」へ歩み始めることを切に願っています。

おわりに――「たましい」のしあわせを手に入れるために

この本を最後までお読みいただき、誠にありがとうございます。

ぼくは、スピリチュアル・カウンセラーの経験を重ねていく中で、このカウンセリングこそがすべての人を癒すことのできる素晴らしいツールであると想い、もっとたくさんの人に受けていただきたいと思っていました。

しかし、世の中では同時に「スピリチュアル」という言葉が肥大化し、玉石混交となって、何が良いのかわからないカオス（混沌）の状態になってしまったことを憂いていました。

そこで、もっと本当のスピリチュアル・カウンセリングの良さを知ってもらいたいと想い、セッションやイベントの大半は、本当のスピリチュアル・カウンセリングについての啓蒙活動をしていました。

いつかその啓蒙活動の部分を書籍化して、広くみなさんに知っていただき、セッションにお越しになったときには、本題のお悩みからすぐに入れたら、本当のブリーフ（短い）カウンセリングになると考えていました。

本書では、「スピリチュアルの世界」の基本的な部分を「オリジナルな解釈」でわかりやすく説明するために書きました。これを踏まえて、次回作はスピリチュアル・カウンセリングがなぜ癒しになるのかについて、その秘密に迫りたいと思っています。

本書を通じて、「たましい」についてご理解いただければ幸いです。それでは次回作でお会いできることを楽しみにしています。

なお、本書については、著者のぼくが独自に学んだものをまとめた世界観を表しています。他の「宗教」や「スピリチュアルの世界観」などと似ている部分と差異のある部分がありますが、以下のポリシーに基づいて活動しています。

① 一切の宗教とは関係がありません。

② 「スピリチュアルの世界観」については「著者オリジナル」の解釈をしています。

③ 「たましいの世界観」を信じたい人は信じ、信じたくない人は信じないことを尊重いたします。違う世界観の方は「たましいの世界観」の中にご自分の思想を持ち込まないでください。

以上のことをご理解くださいますよう、お願いいたします。

最後に、本書を書くにあたり最後まで応援してくださいました、かおり・あまみ親子、カズシゲ・ユウコ夫妻、小田様に心よりお礼を申し上げます。

たましいの真ん中は桃の人　真仲桃ノ介

Profile

真仲 桃ノ介 （まなか・もものすけ）

小さい頃は、人見知りで自分に自信がなく、勉強ができない落ちこぼれ。

成績が悪いため、高校に行けないハズが、宿命に導かれて奇跡的に高校・大学へ進学し、広告系の会社に就職。

それでも満たされず、25歳ぐらいの頃、天に向かい「神様、本当の『しあわせ』になりたいです。なれたら、今度は本に書いて世の中に伝えていきます」と泣きながら祈る。

そのまま変化は起こらず、30社ぐらいの会社や仕事を彷徨いながら生きる。

35歳で結婚。37歳の時、妻が突然アセンデット・マスターと繋がり、夫婦でスピリチュアル・カウンセリングルームを主宰。

先生となり、スクールやイベントを開催したり、娘も生まれて「しあわせ」を謳歌する。

47歳の時、傲慢さから経営が悪化。ルームの代表を辞め、妻とも離婚し、すべてを失う。

起死回生を願い、タクシー運転手、配達員、警備員をしながら本を執筆。

51歳で祈りが届き、出版の機会を得て本書を出版する。

真仲　桃ノ介　オフィシャルHP
ミシェラスティ　Michelrasty
http://michelrasty.com

装丁・本文 design ／横田和巳
写真／ iStock
校正協力／新名哲明・永森加寿子
編集／田谷裕章

「しあわせ」になれないのは、あなたのせいじゃない!

人生を覚醒にみちびく「たましい」の秘密

初版1刷発行 ● 2020年11月20日

著者
真仲桃ノ介《まなかもものすけ》

発行者
小田 実紀

発行所
株式会社Clover出版
〒162-0843 東京都新宿区市谷田町3-6 THE GATE ICHIGAYA 10階
Tel.03(6279)1912 Fax.03(6279)1913 http://cloverpub.jp

印刷所
日経印刷株式会社

ISBN978-4-908033-98-8 C0011